A imprensa
e o dever da liberdade

A independência editorial e suas fronteiras com a indústria
do entretenimento, as fontes, os governos,
os corporativismos, o poder econômico e as ONGs.

Conselho Acadêmico
Ataliba Teixeira de Castilho
Carlos Eduardo Lins da Silva
Carlos Fico
Jaime Cordeiro
José Luiz Fiorin
Magda Soares
Tania Regina de Luca

Proibida a reprodução total ou parcial em qualquer mídia
sem a autorização escrita da editora.
Os infratores estão sujeitos às penas da lei.

A Editora não é responsável pelo conteúdo deste livro.
O Autor conhece os fatos narrados, pelos quais é responsável,
assim como se responsabiliza pelos juízos emitidos.

Consulte nosso catálogo completo e últimos lançamentos em **www.editoracontexto.com.br**.

A imprensa
e o dever da liberdade

A independência editorial e suas fronteiras com a indústria do entretenimento, as fontes, os governos, os corporativismos, o poder econômico e as ONGs.

EUGÊNIO BUCCI

Copyright © 2009 do Autor

Todos os direitos desta edição reservados à
Editora Contexto (Editora Pinsky Ltda.)

Montagem de capa
Gustavo S. Vilas Boas

Diagramação
Gapp Design

Preparação de textos
Lilian Aquino

Revisão
Daniela Marini Iwamoto

Dados Internacionais de Catalogação na Publicação (CIP)
(Câmara Brasileira do Livro, SP, Brasil)

Bucci, Eugênio
A imprensa e o dever da liberdade : a independência editorial
e suas fronteiras com a indústria do entretenimento, as fontes,
os governos, os corporativismos, o poder econômico
e as ONGs / Eugênio Bucci. – 2.ed, 1ª reimpressão. –
São Paulo : Contexto, 2021.

Bibliografia
ISBN 978-85-7244-438-5

1. Liberdade de imprensa I. Título.

09-04773   CDD-070.401

Índice para catálogo sistemático:
1. Liberdade de imprensa : Jornalismo 070.401

2021

EDITORA CONTEXTO
Diretor editorial: *Jaime Pinsky*

Rua Dr. José Elias, 520 – Alto da Lapa
05083-030 – São Paulo – SP
PABX: (11) 3832 5838
contexto@editoracontexto.com.br
www.editoracontexto.com.br

Para Gilberto Zancopé

Sumário

Por que o jornalista não tem o direito
de renunciar à própria liberdade 9

... e o jornalismo virou *show business* 27

A promiscuidade com as fontes
segundo *O beijo no asfalto* 45

Informação e guerra a serviço do espetáculo 63

Jornalistas e assessores de imprensa: profissões
diferentes, códigos de ética diferentes 91

Verdade e independência numa empresa
pública de comunicação 99

A imprensa e o dever da liberdade 113

Créditos 133

Bibliografia 137

O autor 139

Sumário

Por que o jornalista não tem o direito
de roubar a própria liberdade 9

... o jornalismo vivou duas partes 27

A promiscuidade com as fontes
O pato no minuto 45

Informação e guerra: a serviço do espectador 63

Jornalistas e assessores de imprensa: profissões
diferentes, códigos de ética diferentes 81

Verdade e independência numa empresa
pública de comunicação 99

A imprensa e o dever da liberdade 113

Creditos 133

Bibliografia 137

O autor 139

Por que o jornalista não tem o direito de renunciar à própria liberdade

A ideia de Jean-Paul Sartre de que estamos "condenados a ser livres" poderia servir de epígrafe a esta apresentação. Numa passagem bastante citada de *O ser e o nada*, de 1943, ele afirma:

> Estou condenado a existir para sempre para-além da minha essência, para-além dos móbeis e motivos de meu ato: estou condenado a ser livre. Significa que não se poderiam encontrar outros limites à minha liberdade além da própria liberdade, ou, se preferirmos, que não somos livres para deixar de ser livres.[1]

Em síntese, o homem não tem a liberdade de escolher não ser livre, pois mesmo a escolha de não fazer nada já constitui uma escolha.

A situação daquele que se encontra condenado à liberdade é por excelência a situação do jornalista em nossa era. Mesmo assim, a frase de Sartre não entrou aqui como epígrafe. E por quê? A explicação parecerá produto de preciosismo e, no entanto, é bem elementar. Ela poderia ter sido a epígrafe e não foi porque, se fosse, deixaria no ar a impressão de que este livro finca raízes no existencialismo, o que não seria exato. Este livro não guarda intenção de filiar-se ao existencialismo e, por isso, esta apresentação começa pela menção a Sartre, mas não lhe reivindica a tradição. Não apenas para conforto dos existencialistas, que não precisarão se incomodar, mas principalmente para sossego do leitor, que está poupado de hermenêuticas filosóficas paralelas, periféricas e desnecessárias.

De todo modo, como Sartre falou antes algo que muito se aproxima do que se afirma e se reafirmará aqui, há que ser lembrado com todas as letras, ainda que não haja, nesta obra, a mínima vocação para especular se a existência precede a essência ou se a consciência é dotada de essência. Essas questões são exteriores ao que se pretende desenvolver nas páginas que se seguem, o que não elide, de todo modo, a proximidade entre uma coisa e outra, isto é, entre o homem sartreano, condenado à liberdade, e o jornalista, que tem o dever de ser livre.

Mais ainda: o jornalista não tem o direito de abdicar de sua liberdade. Para que se extraia mais clareza dessa máxima, e já adiantando em que termos ela não se confunde com o existencialismo, podemos subdividi-la em três proposições:

- Os jornalistas e os órgãos de imprensa não têm o direito de não ser livres, não têm o direito de não demarcar a sua independência a cada pergunta que fazem, a cada passo que dão, a cada palavra que escrevem.

- Cultivar, exercer e tornar cada vez mais explícita a liberdade com que exercem o seu ofício é o primeiro e o mais alto dever dos profissionais da imprensa.
- Os jornalistas devem recusar qualquer vínculo, direto ou indireto, com instituições, causas ou interesses comerciais que possa acarretar – ou dar a impressão de que venha a acarretar – a captura do modo como veem, relatam e se relacionam com os fatos e as ideias que estão encarregados de cobrir.

O leitor que já conhece o debate sobre ética na imprensa há de se perguntar, com razão: Ora, mas que novidade existe nisso?

Esse leitor dirá que, ao menos aparentemente, isso tudo já foi dito e repetido. O dever de ser livre aparece em todos os textos sérios sobre o assunto. Na maioria deles, a liberdade é pensada como um direito – mas em vários ela já aparece como dever. Sem dúvida, exigir da imprensa que ela seja livre é uma demanda tão antiga quanto a própria democracia. Mas, se nos detivermos sobre esse ponto com um pouco mais de atenção, veremos que existe, sim, um dado novo aí. É uma novidade pouco visível, mas, uma vez detectada, ela se descortina em proporções inéditas. A realidade atual da imprensa requer de nós que pensemos o velho tema da liberdade com uma ênfase diferente, a partir de um pequeno deslocamento do ponto de vista. Os efeitos dessa mudança de prisma se revelarão profundos, e nos conduzirão a perceber que, em tempos de fortes transições na mídia, o imperativo de ser livre não é apenas um dos deveres do jornalista, não é meramente um dever entre vários outros: é *o primeiro entre todos os deveres*. Logo, mesmo que também essa formulação já tivesse aparecido antes, ela nunca teve, como agora, um significado tão determinante.

A independência
como premissa da interdependência

Antes de explicar por que esse dever, e não outro, é o primeiro, cuidemos de trocar em miúdos o que significa liberdade no campo prático do jornalismo. Para começar, não é a mesma coisa que liberdade na filosofia. O dever de ser livre, aqui, é algo que se traduz nas condições concretas de exercício da função. Essas condições são postas por elementos materiais e, por isso, passíveis de verificação pelo público. O fato é que só assim elas têm sentido. A sociedade tem o direito de contar com os serviços de jornalistas e de veículos noticiosos que sejam ativamente livres, assim como tem direito a hospitais que sejam higienizados e a escolas em que os professores não pratiquem a impostura. É nessa perspectiva – restrita, portanto – que a liberdade será tratada aqui: ela é dever para o jornalista na exata medida em que corresponde ao serviço que é um direito para o cidadão.

Essa abordagem restrita da palavra liberdade e, por assim dizer, mais técnica, porque circunscrita aos procedimentos de um ofício cujo propósito é informar a sociedade e mediar o debate público, não pretende suprimir a reflexão sobre as diversas outras dimensões do seu significado dentro do jornalismo, nem pretende reforçar o discurso dos que desprezam a envergadura metafísica do tema. Não existe aqui o propósito de elidir as implicações ideológicas que muitas vezes se ocultam sob o manto de liberdade formal e que concorrem para naturalizar a exclusão de pessoas ou de grupos sociais do acesso devido à informação e à expressão de seus pontos de vista. Ao contrário. Essas implicações que chamo de ideológicas, ainda que o termo esteja gasto, são objeto da crítica de mídia em seu sentido mais amplo, e, quanto a elas, a sociedade precisa se manter permanentemente atenta. Eu mesmo, em trabalhos anteriores, já me dediquei bastante a essa crítica – e a ela ainda voltarei outras vezes. Mas, desta vez, procurei não fazer dessas outras dimensões da liberdade o eixo central dos capítulos, ainda que elas apareçam ocasionalmente em vários trechos. A preocupação que norteia este livro tem seu foco na natureza de um fazer profissional específico e, aí, procura vislumbrar os modos pelos quais a liberdade pode se materializar – para dar garantia de um serviço de qualidade ao público, e não para servir de regalia os profissionais do ramo. Trata-se de pensar em que níveis a liberdade pode ser verificada, aquilatada (ainda que ela não seja "quantificável") e, consequentemente, em que termos ela pode ser reclamada pelo público.

Na imprensa, a liberdade encontra de fato uma materialização: ela se traduz no grau de *independência* dos veículos informativos (e de seus operadores) em relação aos interesses organizados, sejam eles econômicos, políticos, religiosos, sindicais, científicos e assim por diante.

Note-se que a palavra independência é nuclear. Sabemos que, no mundo contemporâneo, a noção de independência vem se confrontando com diversas relativizações. A própria soberania nacional é chamada a encontrar novas acomodações diante do crescimento da incontornável interdependência entre os países. Os Estados, que já não têm a alternativa de fechar-se para dentro, murando as fronteiras com o exterior, são chamados a entendimentos multilaterais de toda sorte. Nesse mundo, o conceito de independência vai se equilibrando em relação ao conceito de interdependência. A qualidade de um depende da qualidade do outro. Só existe interdependência profícua entre duas nações quando a independência de cada uma está assegurada e quando a liberdade – de escolha – não é peça de retórica, mas realidade.

Para a instituição da imprensa, igualmente, a tônica da interdependência está presente: a imprensa se relaciona com outros campos da comunicação, como a publicidade, o entretenimento, os governos, as assessorias de imprensa, as ONGs etc. Os sistemas se conectam em relações que envolvem interdependências recíprocas, mas, sobretudo aí, há que se observar a premissa da independência em alto grau – caso contrário, a interdependência será apenas um termo eufemístico para esconder a reles submissão de um sistema a outro. Também na imprensa, portanto, a palavra independência é nuclear. Aliás, hoje, para o jornalismo, ser independente talvez seja ainda mais necessário.

É possível medir o grau de autonomia?

De que maneira o público poderá se assegurar de que os meios informativos exercem e prezam sua própria independência? Dessa pergunta depende a qualidade da informação que ele, público, recebe. É verdade que a simples análise da qualidade informativa de um veículo, ao longo do tempo, funciona também como um método de avaliação do seu grau de independência. Só há informação de qualidade no palco se a independência for a regra nos bastidores. Mas dizer isso é dizer pouco. É hora de procurarmos detalhar os critérios de verificação. Entre outros benefícios, esse detalhamento poderá render orientações mais precisas para as redações interessadas em fortalecer a liberdade no seu interior.

À medida que mergulhamos no detalhamento, revela-se mais nítida uma nova face da aderência entre estas duas palavras distintas, independência e liberdade. Pode-se dizer que, posta assim, em termos concretos e verificáveis, a independência formal e material fornece os pré-requisitos para que a liberdade, em suas diversas dimensões (até mesmo filosóficas), seja cultivada e radicalizada, sempre. A liberdade tem isto de muito curioso: ela só existe quando se expande. Se a imprensa não é capaz de expandi-la, a imprensa não é livre.

Como já foi dito, o grau de independência pode ser examinado por meio de indicadores objetivos. Eles não resolvem integralmente a complexa equação da independência como aquela que materializa as bases da liberdade, mas podem apontar de modo confiável alguns níveis da *autonomia* dos veículos e de seus jornalistas, autonomia da qual depende, por sua vez, o direito do cidadão de contar com uma imprensa livre. Esses indicadores não deveriam ser vistos como fórmulas ou matrizes em planilhas econométricas – não se propõe, aqui, uma contabilidade "independenciométrica". Eles emergem dos valores assimilados, ou em vias de assimilação, na cultura política em relação aos padrões de informação que a sociedade produz e consome.

Por certo, esses podem – e, atualmente, devem – ser detalhados em estudos sobre qualidade da imprensa, mas só adquirem vitalidade à medida que se incorporam à cultura e ao hábito de ler, receber, processar e questionar as notícias, as ideias e as opiniões no espaço público. Nesse sentido, o esforço de esmiuçá-los não se faz necessário aqui – isso poderia ser feito num projeto de pesquisa específico. Basta dizer, por ora, que esses indicadores podem brotar de interrogações cotidianas. Exemplos: Quem paga as contas da publicação? Quem paga os jornalistas? A quem presta contas a redação? Se tratadas como indicadores, ou como base para indicadores, essas interrogações dizem muito.

Outros indicadores podem surgir da análise nominal da carteira dos anunciantes de um dado veículo. Se houver predominância de um grupo particular de anunciantes, de tal forma que ele tenha poder de comprometer o faturamento do veículo, a independência está ameaçada e, portanto, a liberdade está comprometida. O mesmo objetivo pode ser alcançado, aí por outro ângulo, a partir de um levantamento das fontes (às vezes recorrentes) de uma publicação. Elas refletem a multiplicidade do universo que aquela publicação se compromete a cobrir ou refletem, apenas, uma tomada parcial

16 A imprensa e o dever da liberdade

desse universo? Se a resposta for afirmativa, outra vez, algo da independência foi corroído no caminho, pois se notará, com facilidade, um desnível entre o universo que se promete cobrir e a parte dele que efetivamente é coberta.

Tudo isso ajuda a precisar o grau de independência e, por decorrência, a solidez dos pré-requisitos para o cultivo e para a expansão da liberdade. Por esse caminho, podem-se averiguar a capacidade e a autonomia das redações para estabelecer suas agendas, suas pautas e suas edições sem ter que prestar contas a ninguém que não seja o seu público.

A liberdade como o ambiente essencial

É nesse sentido que a abordagem que este livro dedica à liberdade não se confunde com a abordagem da mesma palavra em outros domínios, como a psicanálise, que pensa a liberdade pela responsabilização do sujeito, o direito, que consolida os direitos fundamentais, ou a filosofia. Como já foi dito, de todos esses campos brotam elementos para o entendimento dos valores essenciais do jornalismo, pois de todos eles vêm luzes que se enfeixam no humano – categoria à qual pertence, ainda que não pareça, o jornalista.

No campo específico da imprensa, o *dever da liberdade* assenta seus alicerces na independência material e institucional que o protege contra interesses estranhos à missão de informar. Essa missão requer objetividade e espírito crítico e, nessa medida, é ela quem exige a observância dos pré-requisitos formais e materiais da independência. Um jornalista que cumpre o dever da liberdade não é obrigatoriamente um ser iluminado, emancipado das paixões, dotado de inteligência superior, nada disso. Ele é apenas um profissional que não responde a outros senhores por baixo do pano, estejam esses senhores escondidos numa conta bancária ou mesmo em sua consciência. Sim, na própria consciência: um jornalista que se vale da profissão para, conscientemente, propagar pontos de vista religiosos ou partidários por meio de subterfúgios não é um profissional atento ao seu *dever da liberdade*.

Do mesmo modo, não é livre aquele que aceita mentir para a audiência com vistas a agradar o patrão: quem firma com seu empregador um pacto que ofende a ética profissional, um pacto que não pode ser declarado publicamente, trai o seu público. Pelo mesmo motivo, não está à altura do ramo em que atua um patrão da imprensa que cobre condutas ocultas de seus profissionais. A liberdade, em jornalismo, não deveria mais ser concebida como um ideal, como se fosse uma daquelas metas que se buscam alcançar, mas que não se podem atingir plenamente (como são a justiça, o equilíbrio ou a verdade): ela só tem sentido se for entendida como o ambiente vivo do fazer diário daqueles que exercem a função social de informar o cidadão.

É preciso ser livre para alcançar a verdade factual

Voltemos agora à pergunta exposta no início desta apresentação: Por que a liberdade, assim considerada, pode ser vista como novidade? Porque ela nos permite reconfigurar o entendimento desse ofício, não a partir daquilo que gostaríamos que ele fosse, mas a partir dos desafios que se abriram diante dele de uns tempos para cá.

O dever de ser livre se converteu em algo tão central que, se não observado, todos os demais princípios da missão de informar resultam prejudicados. Todos, a começar pelo dever da verdade. Se não for livre, escancaradamente livre – uma vez que se trata de ser livre em público, para o público, segundo padrões públicos –, o repórter e o veículo para o qual ele trabalha estão impossibilitados de iniciar sua busca pela verdade dos fatos. A verdade jornalística – efêmera, transitória, precária, como sabemos – só se revela aos que não servem a outro senhor que não a ela própria.

Ainda que soe um tanto esotérica demais, essa é uma noção eminentemente prática. A verdade, no jornalismo, é uma construção discursiva, uma construção social que, para ser viável, supõe níveis específicos de independência dos seus mediadores (ou seja, os seus operários intelectuais). Dizer que a verdade no jornalismo é uma construção não significa dizer que ela seja um ato arbitrário, discricionário do profissional. Ela não se subordina a intencionalidades de uns ou outros, por mais que sua construção esteja permeada de intenções, algumas confessáveis e outras não. Ela depende da verificação dos fatos e, depois, ela também será verificada pelo próprio curso dos fatos. Ela decorre da apuração, da reportagem pela qual seus profissionais investigam os fatos, mas também decorre do embate que terá com os fatos, em retorno. Os personagens das notícias são seus vigilantes: eles a desmentem e também podem validá-la constantemente, sempre com a participação do público.

As mentiras na imprensa podem perdurar por algum período, mas, se as condições de independência existem, ainda que minimamente, o debate público tende a corrigi-las e a desautorizá-las. É nesse sentido que a verdade factual do noticiário resulta de uma construção social. Aí, a manipulação, que efetivamente acontece, entra como burla, não como regra. A verdade no jornalismo, em seu processo de construção social, inclina-se a repelir falsificações; ela conspira contra as premeditações do manipulador, que, de seu lado, conspira contra ela.

Aquilo a que chamamos de verdade factual não existe previamente ao relato que a institui, ou seja, ela não está posta fora dos domínios da narrativa que a constitui, pois adquire a sua existência *dentro* do discurso jornalístico. Ela não vive sozinha na natureza, à espera de alguém que venha desvendá-la. Ela não é como aquele tipo de verdade que a ciência já quis descobrir e, em alguns casos, até descobriu, de fato (registremos que, também na ciência, a verdade só pode ser detectada dentro do campo do seu próprio discurso): ela só se manifesta na intersubjetividade, no bojo de relações sociais e linguísticas entre sujeitos que se leem, se falam e se interrogam incessantemente. Por isso mesmo é que, aos mediadores desse processo, cada vez mais complexo, impõe-se o dever de despir-se de interesses outros que não seja o de informar o cidadão sobre aquilo que ele tem o direito de saber e conhecer. Em suma, a verdade factual só se constrói quando as premissas da liberdade são cumpridas, mesmo que rudimentarmente. É uma questão de método.

As redes interconectadas na esfera pública

O advento avassalador das mídias digitais e a crescente diversidade de vozes presentes no rumor da imprensa não revogaram, ao contrário do que muitos imaginam, o dever da liberdade. As novas tecnologias o tornaram ainda mais premente, isso sim. Não é difícil de demonstrar por quê. Se cresce o volume de informação nos mais diferentes suportes, se as relações públicas transformam empresas e organizações dos mais diversos setores em "provedoras de conteúdo" na rede mundial de computadores, se cada vez é mais abundante a oferta de textos, imagens e sons, com dados e opiniões para cada vez mais gente de cada vez mais países, também cresce, na mesma escala, o peso de uma pergunta singela, que todo mundo se faz o tempo todo: em quais desses "conteúdos" eu posso confiar?

O cenário na internet fala por si. Marcas tradicionais de velhos diários disputam com blogs e sites novíssimos, mais que audiência, a confiança do público. Com quais motivações cada um deles apura, edita e distribui informações, opiniões e ideias? Quais os compromissos que os amarram? Há agendas ocultas? Pouco a pouco, esse tipo de indagação vai reclassificando e hierarquizando a reputação, a confiabilidade e a credibilidade dos fornecedores de conteúdos informativos. Nesse movimento, para os grandes e para os pequenos, o dever da liberdade é ainda mais decisivo.

Naturalmente, nem todos respondem aos requisitos de liberdade na mesma forma, do mesmo modo: há nuances, diferenciações geográficas, culturais, religiosas, econômicas, políticas, programáticas, diferenças que variam segundo os públicos e as comunidades envolvidas. Algo, porém, é comum a todos: os requisitos da independência se expressam na transparência com que cada um expõe os compromissos que o amarram. É preciso que exista consonância entre o que se diz fazer, o que se faz e os métodos pelos quais se faz. É preciso que estejam claras as barreiras contra interesses estranhos ao propósito anunciado. Assim é que o público tem razão de se perguntar: quem é confiável no meio dessa barafunda? Ele sabe que só obterá informação com credibilidade se buscar veículos que aceitam a transparência. Por isso, hoje, o dever da liberdade, para os jornalistas, vem antes e acima dos demais.

Não que os jornalistas, humanos que são, devam pretender assumir a condição de sujeitos neutros, sem determinações de nenhum tipo. Isso não existe, é claro. Só o que se requer é que essas determinações sejam transparentes, as mais transparentes possíveis. A partir daí, o público saberá fazer suas escolhas, com autonomia e autoridade sobre elas. Com transparência e compromissos claros, é possível existir até mesmo jornalismo com filiação a uma doutrina religiosa, a uma corrente política, ou o jornalismo corporativo ou empresarial. Naturalmente, esse tipo de jornalismo, por estar vinculado a uma instituição que não é a própria instituição da imprensa (uma empresa, um partido, uma igreja etc.), será limitado em sua credibilidade geral, mas, deixando explícitas as suas vinculações, poderá, dentro do seu público específico, merecer confiança em seus propósitos informativos. É possível – desde que ele saiba ser transparente em suas motivações. O que vai contaminá-lo, corroê-lo em sua credibilidade, é a existência de agendas ocultas, não declaradas, por meio das quais o tratamento das notícias se processará de modo oblíquo e dissimulado. Contra isso é que o público vai aprendendo, rapidamente, a se vacinar. Em poucas palavras, trata-se de adotar, no ofício de informar a sociedade, os padrões mínimos de honestidade intelectual, pois o jornalismo é, ele também, uma atividade intelectual.

Os capítulos deste livro

Hoje, várias frentes de interesses concentrados e organizados ameaçam a liberdade indispensável à prática do jornalismo. Eles não vêm apenas das investidas da publicidade, com técnicas invasivas – admitidas pelas redações – que vão da entrada de anúncios em espaços tradicionalmente editoriais, como capas inteiras de cadernos ou mesmo dos jornais diários, até o patrocínio de grandes encartes, mais ou menos disfarçados de conteúdo informativo e não publicitário. Sobre isso, já escrevi bastante em trabalhos anteriores, como *Sobre ética e imprensa*. As novas frentes que concorrem para sitiar a independência partem da indústria do entretenimento, dos governos, da promiscuidade interessada entre fontes e repórteres (um velho vício que soube se "modernizar" e se agigantar, passando das cumplicidades pessoais para a associação sistêmica entre veículos, empresas e esquemas de poder), do corporativismo, do capital e, também, de ONGs.

Este livro analisa as principais delas, às vezes a partir de casos reais, em textos que foram elaborados entre 1997 e 2008.

A primeira dessas frentes se refere ao modo pelo qual a indústria do entretenimento vem engolindo não apenas o discurso jornalístico em geral, como também os órgãos de imprensa em particular. O primeiro capítulo deste volume, "... e o jornalismo virou *show business*", flagra uma etapa desse movimento, na década de 1990. A tendência das megafusões no setor de mídia, pelas quais os veículos noticiosos passariam a se tornar meros departamentos em grandes conglomerados cujo negócio é mais amplo do que a imprensa em sentido estrito, dentro dos quais passaram a conviver atividades comerciais conflitantes, é objeto desse texto. A pergunta que o orienta é: pode haver independência editorial de um veículo em relação ao comando do conglomerado que é seu proprietário? De que modo os jornalistas passaram a responder a esse (novo) tipo de questionamento?

O segundo capítulo, "A promiscuidade com as fontes segundo *O beijo no asfalto*", estabelece uma reflexão a partir das relações promíscuas entre um delegado de polícia e um repórter numa peça de Nelson Rodrigues. O que está em xeque, aí, é a associação entre o profissional de imprensa e sua fonte para produzir efeitos lucrativos para ambos por meio da manipulação do noticiário. Caricata na peça de teatro, essa promiscuidade se converteu numa modalidade específica de corrosão da independência editorial e, hoje, apresenta-se em moldes mais danosos e mais perversos.

Em "Informação e guerra a serviço do espetáculo", em que discuto as ações de comunicação do governo americano na fase preparatória da invasão do Afeganistão e, mais tarde, do Iraque, são estudadas as teias de cooptação da imprensa pelo poder de um Estado – não de um Estado qualquer, mas daquele que se põe como o mais forte de todos, os Estados Unidos. Se antes dizíamos que, quando uma guerra começa, a primeira vítima é a verdade, constatamos agora que se dá justamente o oposto: para que uma guerra comece é preciso que, antes, a verdade seja vitimada. Mais do que nos outros capítulos, nesse aparece com crueza o esquartejamento dos procedimentos jornalísticos na era do espetáculo, em que as fronteiras entre fato e ficção já se encontram estruturalmente desfeitas. Em "Informação e guerra a serviço do espetáculo", portanto, o tema não é apenas a invasão dos domínios da imprensa pelos interesses governamentais, mas também a descaracterização, a perda de identidade do discurso jornalístico em meio à colossal indústria do entretenimento desnaturada em máquina de guerra – e da própria guerra que se põe não mais como prolongamento da política, mas como a continuação do espetáculo por outros meios.

O quarto capítulo, "Jornalistas e assessores de imprensa: profissões diferentes, códigos de ética diferentes", põe em desta- que uma das mazelas brasileiras da profissão: a indistinção que os sindicatos de jornalistas insistem em promover entre ocupa- ções distintas e às vezes antípodas, a do assessor e a do jornalista propriamente dito. Nesse texto pode-se ver como são tênues, especialmente em nosso país, as linhas demarcatórias que deve- riam separar o ofício dos que informam a sociedade e a atividade daqueles que são pagos para defender interesses de seus clientes ou empregadores. Também aí, a independência da imprensa se vê terrivelmente ameaçada – e, nesse caso, não por força do mercado ou do poder econômico, mas por atraso do corporativismo de uma categoria profissional sem contornos claros.

O tema da entrada indevida do governo na esfera da im- prensa é examinado com mais profundidade no quinto capítulo, "Verdade e independência numa empresa pública de comuni- cação". No Brasil, as instituições ditas públicas de comunicação ainda funcionam como instrumentos de propaganda partidária de interesses alojados nos governos e, por aí, pode-se identificar com total nitidez outra frente de interesses articulados que ameaçam os marcos da necessária independência editorial. Nesse texto, não é ocioso notar, pesa bastante a experiência que tive entre 2003 e 2007, ao presidir a Radiobrás, em Brasília.

Finalmente, o último capítulo é aquele que emprestou o título a este livro: "A imprensa e o dever da liberdade". Nele, chamo atenção para a necessidade de observarmos com mais rigor a independência em relação aos governos e aos movimentos sociais organizados, que hoje se articulam em redes capazes de cooptar e instrumentalizar parte da cobertura. Embora despontem na arena pública de modo a ser percebidos como vítimas de exclusão na pauta noticiosa, o que muitas vezes é verdade, eles aprenderam a atuar com práticas próprias de *lobby* e, em alguns casos, são bem-sucedidos em influenciar parcelas das redações. Por isso, é fundamental que, também em relação a eles, a reportagem saiba manter um olhar crítico.

Um crédito devido a Rui Barbosa

O título deste livro é uma citação direta de uma obra clássica de Rui Barbosa, *A imprensa e o dever da verdade*. Publicada em 1920, ela deixou marcas na nossa cultura política. Vêm de Rui Barbosa algumas frases antológicas, como "a imprensa é a vista da nação".[2] Ele advertia:

> Um país de imprensa degenerada ou degenerescente é, portanto, um país cego e um país miasmado, um país de ideias falsas e sentimentos pervertidos, um país que, explorado na sua consciência, não poderá lutar com os vícios, que lhe exploram as instituições.[3]

Nessa obra, Rui assinalou corretamente os vínculos entre verdade e liberdade:

Todo o bem que se haja dito, e se disser da imprensa, ainda será pouco, se a considerarmos livre, isenta e moralizada. Moralizada, não transige com os abusos. Isenta, não cede às seduções. Livre, não teme os potentados. Na sua liberdade, já em 1688, via o Parlamento de Inglaterra "o único recurso pronto e certo contra os maus".[4]

Ele também alertou contra os tentáculos que os governos estendem para subornar e cooptar jornalistas os quais, não raro, deixavam-se corromper: "Ao derredor do poder formigueja a multidão venal, e os governos, se algum embarco topam, é em dar vazão ao número de mascates da palavra escrita."[5]

Ainda hoje, os vícios apontados por Rui Barbosa permeiam as relações entre jornalistas e o poder. Nesse sentido, em que pesem todas as diferenças e as distâncias que separam o meu pensamento da orientação ideológica que moveu a vida, a produção e a militância do velho jurista baiano, este meu livro, bem mais modesto, é uma retomada daquilo que ele escreveu há noventa anos. Em seu tempo, ele procurava iluminar o dever da verdade, que dependia, como ele mesmo reconhecia, da observância da liberdade. Agora, nosso dever é tomar conta da liberdade em primeiro lugar. Não como aspiração ideal, mas como um método prático, sustentado em balizas materiais. Sem esse método, estaremos alijados do processo social de construção da verdade, por mais transitória e inacabada que ela seja – e é – nos marcos do jornalismo.

Notas

[1] Jean-Paul Sartre, O ser e o nada: ensaio de ontologia fenomenológica, 17. ed., Petrópolis, Vozes, 1997, p. 543-544.
[2] Rui Barbosa, A imprensa e o dever da verdade, São Paulo, Papagaio, 2004, p. 32.
[3] Idem, p. 34-35.
[4] Idem, p. 35.
[5] Idem, p. 40.

... e o jornalismo virou *show business*

Em 1988, o cineasta Roman Polanski veio ao Brasil para o lançamento do seu filme *Frantic*. Em São Paulo, ficou hospedado numa suíte do Maksoud Plaza. Ali recebeu dois jovens jornalistas brasileiros para uma entrevista. Cabelos longos, castanhos e brilhantes, camisa vermelha folgada, parecia muito bem disposto em seus 55 anos. Na mesma suíte, sua mulher de 22 anos, a atriz francesa Emanuelle Seigner, estrela-revelação de *Frantic*, andava de um lado a outro com uma camiseta que fazia as vezes de vestido. Talvez não fosse exatamente assim, mas estava linda de qualquer jeito. Displicente, um tanto tímida, evitava encarar os repórteres, que também evitavam demonstrar o encantamento. Polanski, agradável, comentou qualquer coisa sobre a correria na rotina de um diretor famoso como ele. Indo de um país a outro para falar sobre o filme, muitos eventos de divulgação. Disse algo como "o ritmo alucinante do *show business*". De gravador na mão, caneta, bloquinho, camisa para dentro da calça, os dois jornalistas sorriram, enquanto buscavam um lugar para se acomodar no sofá branco.

– *That's show business!* – exclamou um deles, tentando forçar intimidade. O colega acionava o gravador.

– *That's show business!* – repetiu o célebre cineasta, já acomodado numa poltrona. Em seguida, batendo uma mão contra a outra, completou:

– *Let's do it!*

Então era isso. O que iria acontecer dali por diante não tinha nada a ver com jornalismo. A ocasião não era uma daquelas em que o entrevistado, compreendendo a relevância de um determinado veículo, aceita responder às perguntas em atenção e respeito a um certo público leitor. O que estava para acontecer ali era um evento de outra natureza. Divulgação. Ou, nas palavras de Polanski, "*show business*". Tudo para aumentar os comentários em torno do filme, levar a massa ao cinema. Mais gente, mais dinheiro. "*Let's do it!*".

Muito do jornalismo que existe por aí sobre cinema é mesmo *show business*, apresenta-se como linha auxiliar da estratégia de *marketing* da indústria cinematográfica. Entrevistas com atrizes ou diretores, longas resenhas (nada críticas), fotos espetaculares (ou trechos dos filmes, na tv) ocupam a imprensa por ocasião dos lançamentos. É um serviço ao leitor? É um serviço ao ouvinte ou ao telespectador? A resposta é sim. Mas é constrangedora. Em nome de dar assistência ao consumidor que busca no cinema o seu lazer, a imprensa tem assumido o papel de divulgadora da indústria do entretenimento. É uma situação constrangedora, pois, com frequência, a atividade de divulgação é inimiga da atividade jornalística.

Por motivos históricos, o assim chamado jornalismo cultural – que trata do cinema, da música, dos discos, dos

... e o jornalismo virou *show business*   29

espetáculos teatrais, de shows, de artes plásticas etc. – e as necessidades de *marketing* da indústria do entretenimento acabaram se embolando. O que não parece incomodar nem o público nem os jornalistas. Assim, os imperativos éticos que exigem do jornalista independência e condenam o conflito de interesse, imperativos que são observados quando o assunto é política ou economia, são ignorados nos cadernos culturais, ou naquilo que se veicula em revistas, rádio e televisão sobre as "artes e espetáculos".

Discutir como se formou esse embolamento e essa, digamos, ética diferenciada não é tarefa para um pequeno capítulo de livro.[1] De qualquer modo, a intenção aqui é propor uma pauta para quem se interesse por debater o assunto. Embora em algumas passagens, como notará o leitor, haverá referências a outras áreas do jornalismo cultural, o foco deste capítulo é o jornalismo relacionado com a indústria cinematográfica.

Jornalismo *versus* entretenimento

Quando se pensa sobre os meios de comunicação, é comum que se separem as coisas em pelo menos duas categorias: de um lado está o divertimento e de outro lado está a imprensa. A primeira oferece filmes e programas de ficção e muitos outros produtos; seu mercado é o lazer do consumidor. Inclui a indústria do cinema, parques como a Disneylândia, megaespetáculos de rock, revistas eróticas e outras nem tanto, videogames, telenovelas e demais atrações. Já a segunda categoria é mais sóbria. A ela caberia a nobre função de informar o cidadão. Conforme se acredita, em contraste com tudo o que seja passatempo, a segunda categoria trata dos fatos e, mais que isso, trata dos fatos com objetividade. As duas categorias satisfazem o consumidor, segundo regras mais ou menos postas pelo precário equilíbrio entre o mercado e a ordem pública. A primeira, no entanto, falaria mais para o desejo. A segunda atenderia a necessidades de ordem cívica. Parece uma distinção mecânica. Pois ela está aqui exatamente para isso: para que fique evidente que ela é mecânica, esquemática e, consequentemente, irreal e inútil. O fato é que diversão e informação estão embaralhadas.

Para começar, há parentescos que são ancestrais. Recursos dramáticos sempre fizeram parte do repertório jornalístico. Basta olhar para o passado. O expediente da sedução no jornalismo é tão antigo quanto o próprio jornalismo. Tão antigo quanto o namoro entre texto jornalístico e texto literário, ou o namoro entre o *design* gráfico e as artes plásticas. A grande reportagem, as reportagens clássicas, muitas vezes tem reconhecido o seu valor literário. Além de uma fonte de dados para o leitor, constituem peças com certos atributos de arte, sensibilizam, emocionam, revelam facetas insuspeitadas da atividade humana, desmontam a ordem aparente das coisas. O mesmo se pode dizer de projetos gráficos de alguns jornais ou revistas: em certos momentos, desfrutaram do *status* de ser arte.

Em consequência, deu-se a vulgarização dessa possibilidade. A pieguice e a pretensão embotaram textos na imprensa do mundo todo, comprometendo sua clareza. A afetação e a tolice, quando não o mau gosto puro e simples, contaminaram uma infinidade de projetos gráficos. De tal modo que o jornalismo, que eventualmente poderia atingir num relance a altitude da arte, acabou se convertendo muitas vezes numa arte de segunda, terceira ou quarta categoria. Perdeu-se da finalidade de informar objetivamente.

Assim, para o bem ou para o mal, é comum encontrar produtos jornalísticos que parecem regidos por princípios menos voltados para a informação e mais adequados para produtos de entretenimento, como se o produto jornalístico devesse se constituir em mercadorias lúdicas, ou quem sabe estéticas. São

... e o jornalismo virou *show business* 31

as reportagens que se narram como se fossem folhetins (bem ou mal escritos), as páginas desenhadas com a ambição de ocupar paredes de museus (e que na maioria das vezes envergonham o dono da peixaria). Nada de errado com a beleza no jornalismo. Nada contra o charme, o bom humor, a elegância. Trata-se, ao contrário, de virtudes. Mais que isso, trata-se de virtudes indispensáveis ao jornalismo. Tanto que, no mercado de consumo em larga escala do produto jornalístico, elas acabaram se tornando muitas vezes o aspecto mais valorizado. Sem persegui-las não é sequer possível fazer jornalismo. Não há, no jornalismo, informação que não esteja embalada em alguma forma que guarda certos atributos capazes de entreter quem a consome.

Atualmente, o emprego de recursos dramáticos, lúdicos ou de mero entretenimento no produto jornalístico é bem maior que antes. Antes, esses recursos funcionavam como propulsores da informação, dentro de textos, paginações ou edições que, no entanto, eram norteadas pela notícia. Hoje, eles comparecem à imprensa sem ter nada a ver com a notícia. A grande maioria dos veículos não tem como se limitar à tarefa de informar: precisa emocionar, precisa seduzir a plateia o tempo inteiro. É assim que, todo domingo, mulheres seminuas se multiplicam nas primeiras páginas de jornais sob os pretextos informativos mais forçados, quando não ridículos. É claro que elas não são mais importantes que os cadáveres de hutus em Ruanda, claro que não são mais influentes que os debates da Organização Mundial do Comércio. Elas apenas são mais libidinosas. Na primeira página de um diário, na capa de uma revista ou na abertura de um telejornal, têm a mesma função que uma modelo sentada em cima de um Passat no Salão do Automóvel. Antes, o discurso jornalístico informava à medida que entretinha, mantendo atenta a audiência, mantendo-a emocionada. Hoje talvez esteja acontecendo um fenômeno distinto: muitas vezes a informação é um dos ingredientes em grandes shows de entretenimento. Não raro, estão apenas entretendo, sem nada informar.

Não há nisso algo de moralmente errado. Nem algo de moralmente certo. É apenas um fato. É impossível deixar de notar que boa parte desse negócio de vender notícias para a coletividade parece que só vai sobreviver se conseguir se impor, ele próprio, como um passatempo divertido, ou pelo menos interessante. Um passatempo com a vantagem de oferecer um brinde grátis: alguma informação.

A publicidade também contribuiu para confundir ainda mais o negócio de informar com o negócio de entreter. Basta observar como são as campanhas publicitárias para promover jornais, revistas e outros veículos. As campanhas buscam forjar um envolvimento apaixonado entre a marca e o público, e quase sempre procuram despertar e fisgar o desejo do freguês. Sem isso, supõe-se, não sobreviveriam. A identidade dos veículos, muito mais do que antes, chega até o consumidor refeita em *glamour* e fetiche. Como um título de telenovela. Como um filme novo. Como um cartão de crédito.

A fusão dos capitais e a ética

Mas o presente, claro, é mais complexo. O embaralhamento que antes poderia ser creditado às influências recíprocas entre duas áreas distintas da atividade humana (o ofício da arte e o ofício de relatar dos fatos), ou à crescente influência da linguagem publicitária em todos os domínios da comunicação, acabou mudando de qualidade num contexto em que aquelas velhas áreas distintas experimentam uma fusão corpórea. Entretenimento, imprensa, *marketing* e publicidade parecem tecer atualmente uma teia inseparável. Um corpo uno. A partir dos anos 1980, empresas de jornalismo e de entretenimento começaram a se

... e o jornalismo virou *show business* 33

fundir como se as duas áreas de negócio fossem as mesmas há décadas. Nos anos 1990, a tendência se consolidou abruptamente. O capital que estava investido numa área fundiu-se ao capital da outra. Hoje, é um só.

As fusões mudaram o quadro, compondo um novo ambiente que se apresenta como realidade econômica e – o que interessa especialmente aqui – como realidade cultural. Dentro desse ambiente, as conexões entre jornalismo e entretenimento ganharam uma relevância ética que antes não tinham.

A revista semanal americana *Time*, que recentemente passou a conviver com a Warner dentro do mesmo conglomerado (o gigante Time Warner), tem experimentado de perto os efeitos dessa nova relevância e de suas implicações. Em sua edição de 21 de outubro de 1996, ela trouxe um editorial que expressa de modo enfático o modo como as conexões entre jornalismo cultural e a indústria do entretenimento adquiriram mais envergadura, ou mais visibilidade, em consequência das fusões. O então diretor de redação da *Time*, Walter Isaacson, assina texto cujo objetivo é pôr às claras a situação da revista dentro do conglomerado Time Warner.

Isaacson afirma que a *Time* tem feito uma cobertura objetiva dos produtos culturais da Warner (como cinema, vídeo ou música). Ele argumenta que o problema da independência jornalística em relação à empresa a que pertence uma revista ou um jornal não sofreu grandes mudanças. Sempre houve – sustenta ele –, como há até hoje, proprietários de publicações ou de emissoras de rádio e TV que pressionam seus jornalistas a fazer reportagens ou críticas tendenciosas quando seus interesses empresariais ou políticos estão em jogo. Sempre houve, também, os menos imediatistas, que percebem o óbvio: é da independência editorial de seus veículos que vem o lucro.

O editorial prossegue, lembrando que, para preservar essa independência, Henry Luce, o fundador da *Time*, inventou a divisão entre "igreja" (o lado editorial, jornalístico da empresa) e "estado" (o lado que vende espaços de publicidade para o anunciante). Assim, dentro da *Time*, Luce procurava impedir que os interesses dos anunciantes se misturassem aos interesses do leitor, defendidos e representados pelos jornalistas. A fórmula de Luce, ao erguer um muro sólido entre a publicidade e o jornalismo, fez escola em várias editoras de vários países. Mas, note-se, tanto a solução "igreja-estado" como o problema que ela tenta resolver – a administração desse tipo de conflito de interesse dentro de uma empresa de comunicação – são anteriores à era das megafusões. Daí que, segundo o editorial da *Time*, do ponto de vista da independência, tanto faz se o jornalista trabalha para um patrão individual ou para um conglomerado. Ou ele está numa empresa que reconhece na independência jornalística uma das bases para a informação de qualidade – e, portanto, para o lucro –, ou ele considera que essa independência é um quesito negociável. Walter Isaacson tem razão, ou precisa tê-la. Sabe que dessa razão depende a própria credibilidade pessoal dos jornalistas. Por isso, assegura: "E nós [jornalistas da *Time*] permaneceremos vigilantes, pois qualquer coisa que comprometa a integridade editorial destruiria não apenas nossa revista como nossas carreiras."

Mas, embora a coerência do editorial seja irretocável, há um senão. Há uma estranheza: uma das revistas mais respeitadas do mundo se sente obrigada a afirmar publicamente sua independência. Um editorial que proclama "sim, somos honestos", ou "sim, somos independentes", ou "sim, os jornalistas aqui são os primeiros a cuidar da integridade editorial" soa desconfortável, ainda que lógico. Não é o que uma revista diz de si mesma que lhe dá mais credibilidade. Sua credibilidade é produto de seu

... e o jornalismo virou *show business* 35

desempenho. O papel de uma semanal é contar e contextualizar as novidades. O que nos levaria a um paradoxo: se a independência da revista é tanta novidade a ponto de ser proclamada, algo havia de esquisito no passado. Se, ao contrário, não é novidade, não deveria ser noticiada.

Então, o que explica o editorial da *Time*? O que o explica é a nova relevância ética das relações entre jornalismo e a indústria do entretenimento, relevância que se tornou visível após as grandes fusões. Essa nova relevância é o fato novo. O desconforto que vem junto também é um fato novo. O editorial da *Time* é mais um sintoma da independência que não se sente à vontade do que propriamente uma afirmação de independência.

A indústria do entretenimento vem ganhando uma crescente repercussão na esfera pública. Encarregado de cobrir essa indústria (e aqui tratamos principalmente da indústria do cinema, do vídeo, da TV e da música), o jornalismo se viu cercado por incômodos que antes ficavam bem longe dele. Até muito pouco tempo atrás, o jornalismo que se dedicava aos filmes ou à indústria fonográfica não era mais que uma velha editoria de assuntos "menos sérios", voltada para o tempo de lazer de homens ocupadíssimos que liam jornais com a testa franzida. Aquela velha editoria estava para o jornalismo político e econômico assim como a garagem dos barcos na casa de praia estava para o escritório central da *holding*.

Agora, as coisas estão um pouco diferentes. Os que gostam de ser otimistas poderiam dizer que, junto com as grandes fusões, como se fosse um antídoto, aguçou-se o olhar ético da sociedade. Não que ela tenha ficado mais decente. A sociedade já era vigilante em relação aos seus jornalistas desde muito tempo. Apenas não se importava com o jornalismo especializado em discos ou filmes. Mas, de repente, esse jornalismo adquiriu uma repercussão econômica e social que antes não tinha. Portanto,

36 A imprensa e o dever da liberdade

numa perspectiva otimista, ele teria deixado de ser "café com leite" quando se fala de ética na imprensa.

De qualquer forma, com ou sem otimismo, o que é preciso admitir é que as fusões tornaram mais visível um conflito de interesse anterior a elas. Conviver com esse conflito de interesse parece ser mais constrangedor atualmente do que há dez anos. A consequência é que, também nessa área da imprensa, a das frugalidades culturais, a questão da independência tende a ser mais valorizada.

Embora existam no Brasil políticos no comando de emissoras de televisão e rádio, embora existam "coronéis" controlando diários impressos – apesar dessas excrescências da democracia brasileira –, não é difícil perceber por que as melhores empresas jornalísticas fazem questão de ostentar sua independência quando o assunto é política ou economia (mesmo quando é uma independência frágil, ou apenas aparente). O senso comum já sabe que da independência (ou mesmo da mera imagem de independência) vem a credibilidade – e a credibilidade faz subir o preço da informação. Mas essa preocupação não costumava chegar às páginas sobre artes e espetáculos. Do mesmo modo que não chega até hoje às editorias de turismo. As mesmas empresas que proíbem o repórter de aceitar presentes de sua fonte política, proibição que é absolutamente acertada, estimulam seus repórteres de turismo a viajar com passagens e hospedagens pagas por agências de viagem. Acredita a empresa, e assim também acredita o público, que o fato de ter passagem e hospedagem pagas – e pagas por uma agência interessada em divulgar os seus pacotes promocionais – não vai arrancar do repórter a independência necessária para que ele faça uma reportagem objetiva. Não se trata aqui de condenar ninguém, mas apenas de demonstrar, com um exemplo corriqueiro e conhecido, como as exigências éticas variam na prática, e variam muito, conforme passam de uma editoria para outra. Variam abruptamente dentro do mesmo jornal, dentro da mesma empresa.

Para evitar o risco das generalizações indevidas, convém frisar que, mesmo dentro do campo do jornalismo cultural convivem éticas antagônicas. Há o jornalismo cultural de alta relevância, de alta qualidade editorial e ética, e há outro jornalismo cultural que deixa a desejar. Aqui, porém, como o foco está na relação entre jornalismo e a grande indústria cinematográfica, o campo de análise é ainda mais reduzido.

As "exclusivas" em série

A relação entre o jornalismo e a grande indústria cinematográfica pode ser chamada de promíscua. É assim desde muito antes das fusões.

Voltemos um pouco a Roman Polanski. A postura com que ele recebeu os repórteres na suíte do Maksoud em 1987 refletiu com perfeição, talvez involuntária, a atitude corporativa dos estúdios quando lançam seus filmes. Chega a temporada de estreias e lá se vai o elenco, ou parte dele, para um grande hotel, confortável etc. Lá vão os jornalistas atrás. Começam as sessões de entrevistas, primeira rodada, segunda rodada, numa torrente de (paradoxo) entrevistas exclusivas em série. Às vezes são minicoletivas em série, com um astro entrevistado por quatro ou cinco jornalistas, cada um de um país distinto. (O que não faz muita diferença porque, ao serem publicadas, algumas das minicoletivas aparecem como se fossem exclusivas.) E assim é: uma Sharon Stone, uma Demi Moore ou um Tom Cruise recebem um entrevistador depois do outro, entrevistadores em fila. E o que dizem? Bem, não varia muito. "Esse novo papel me fez descobrir o lado mau da mulher" ou "Foi muito emocionante contracenar com Sean Connery, ele realmente é um grande ator", ou "Cara, nas cenas de ação, eu realmente não acredito como tive coragem de me jogar daquele vagão, você sabe, cara, foi mesmo incrível!". São citações fictícias, mas existem as verdadeiras. "Eu me senti como se fosse o destino, me senti muito sortuda, muito embora estivesse exausta, nervosa, melindrada e frustrada por todas aquelas coisas. [...] Devo dizer que me senti rejuvenescida porque isso foi uma experiência muito educacional" (Madonna, no Caderno 2 do jornal *O Estado de S. Paulo* de 12 de dezembro de 1996). Ou: "Eu estava completamente absorvida por esse projeto. Sabia que era a chance de fazer coisas que nunca tinha feito antes e me forçar a crescer" (Madonna, de novo, *Folha de S.Paulo*, 19 de dezembro de 1996).

Segundo o folclore, jogadores de futebol são insuperáveis na arte de proferir inutilidades para os repórteres, especialmente durante os intervalos das partidas. São muitas as piadas e muitos os humoristas que imitam os atletas: "Graças a Deus, se Deus quiser, vamos respeitar o adversário" etc. Agora, o estereótipo foi superado pelos atores americanos. Ninguém como eles parece capaz de juntar tantas frases vazias num único parágrafo. Não obstante, os atores americanos, diferentemente dos futebolistas, ganham páginas inteiras nos jornais toda semana.

Mas, se não dizem nada de importante, por que tanto espaço? Há, em primeiro lugar, o trabalho das assessorias dos estúdios que, em seus empreendimentos de divulgação, conseguem destaques formidáveis (e gratuitos) na imprensa mundial. Matérias gigantescas. Sem informação alguma que possa ser chamada de notícia, apenas com celebração e propaganda, esse tipo de matéria baseada na divulgação dos estúdios funciona somente como linha auxiliar do *marketing*. Como dizia Polanski: *é show business*.

O contato da indústria do cinema com a imprensa do mundo inteiro é agendado pelos produtores e suas assessorias.

Os jornalistas não buscam as informações quando querem, mas fazem parte do cronograma da indústria. Eles é que se subordinam aos horários da indústria.

Quando vieram as fusões entre empresas de entretenimento e empresas jornalísticas, essas relações promíscuas adquiriram um significado material muito mais sólido. A maneira como o *marketing* dos estúdios absorveu e incluiu em sua agenda própria a agenda do jornalismo – ou, em outras palavras, o modo pelo qual o *marketing* deixou de ser um objeto a mais no campo abrangido pelo jornalismo e se transformou no campo dentro do qual o jornalismo se insere – talvez já prenunciasse os posteriores movimentos do capital. Afinal, na formação dos conglomerados da comunicação – como a Time Warner ou como a incorporação da rede de televisão ABC pela Disney –, o que se verifica não é o capital do jornalismo englobando o capital do entretenimento, mas exatamente o contrário. Há muito tempo a indústria do entretenimento sabe que seus negócios não acabam onde começa a imprensa, mas prosseguem para dentro dela, atravessam-na e se realizam mais adiante, para além do jornalismo. Há, assim, uma analogia entre o fluxo dessas velhas influências do *marketing* sobre a imprensa e o fluxo dos capitais que se fundem.

O que isso significa no âmbito deste capítulo? No plano ético, significa que um conflito de interesse, antes externo às empresas jornalísticas, e praticamente inofensivo para a imagem do jornalismo, foi absorvido para o interior dos grandes conglomerados. Agora, interno, ele deixa de ser inofensivo, e passa a ser embaraçoso. O editorial da *Time*, por enquanto, pode ser interpretado como um sinal disso.

O problema é que é bastante complicado escapar das armadilhas que estão postas. Os motivos são óbvios. Pode um veículo de informação simplesmente ignorar o lançamento de uma supreprodução estrelada por Madonna? É muito improvável. Não que Madonna seja notícia, sempre, mas uma das características da sociedade dominada pelo *show business* – da sociedade que espetacularizou a informação e que viu suas comunicações ocupadas pelo entretenimento – é justamente a submissão do interesse público às futricas sobre a vida dos ídolos de massa. Para alguns, trata-se de uma confusão entre interesse público e interesse *do* público. Mas pouco importa. O jornal que ignorar as declarações das estrelas, por mais inócuas que sejam, arriscam-se a perder freguesia para a concorrência. De forma que, embora não seja notícia sempre, Madonna é sempre notícia. Em pelo menos uma das dimensões possíveis, a notícia não é mais a informação exclusiva que, uma vez divulgada, tem poder de alterar as expectativas sobre os acontecimentos. A notícia é um mecanismo repetitivo e meio ritualístico de reafirmação dos fetiches da cultura de massa.

Isso complica um pouco a nossa equação. E só nos restam algumas perguntas. Será que existe mesmo uma saída ética para o jornalismo que trata da indústria cinematográfica? Ou será que a ética que lhe serve terá de ser mesmo uma ética diferenciada? Ou, ainda, será que o que vemos de jornalismo sobre cinema é mesmo jornalismo? Se a resposta for não, será possível deixar de apresentá-lo como tal e fazer dele, ou de parte dele, assumidamente, um prosseguimento do *marketing* e nada mais? Por fim: existe lugar para um jornalismo verdadeiramente crítico e independente sobre cinema hoje?

Duas raízes possíveis

Supondo-se que venham a ocorrer tentativas de superar esse complexo conflito de interesse, elas deverão esbarrar em duas raízes históricas que estão na origem das relações de

... e o jornalismo virou *show business* 41

camaradagem entre o jornalismo e a indústria do cinema. Aqui, voltando ao passado, podemos falar de modo mais genérico numa camaradagem entre jornalismo cultural e o mundo das artes.

A primeira dessas raízes é o fascínio clássico que o artista e o intelectual exercem sobre o jornalista. Desde muito tempo, constituem quase um estágio superior da existência humana aos olhos do jornalista. Isso tem relação com um certo complexo de inferioridade que acomete o profissional, especialmente aquele dedicado à cultura. Aos seus olhos, o artista e, principalmente, o intelectual aparecem como se fossem os cientistas nas habilidades em que o jornalista é apenas um técnico de aplicação prática. É assim que, tradicionalmente, o jornalismo cultural se dirige aos chamados produtores de cultura, como um aluno se dirige ao professor.

Já em relação ao público, o jornalista de cultura, notadamente o crítico ou o resenhista de alto nível, põe-se como explicador da arte para a massa, como decifrador da obra e das motivações que se acham misteriosas do artista. Dessa forma, ele atende menos a uma necessidade do consumidor de informações e mais a uma necessidade da arte ou do entendimento social da arte. Em poucas palavras, ao menos sob um ponto de vista, o jornalismo cultural se põe como o elo entre a cabeça iluminada do artista e a cabeça vazia do espectador. Há ocasiões em que o jornalista é implacável com a arte, mas, então, ele se abriga sob o arcabouço teórico produzido por algum intelectual a quem ele, jornalista, segue (estamos aqui falando do jornalista cultural de alto nível). Como se a condição de ser efêmero fosse pesada demais para o jornalista, ele corre para se proteger sob a sombra dos homens cujas obras têm uma projeção mais perene na linha do tempo. Por isso, não poderia ser diferente: o jornalismo cultural é classicamente discípulo (ainda que rebelde)

42 A imprensa e o dever da liberdade

diante do artista ou do intelectual; e é assim sempre, por mais espessa que seja a neblina de palavras que costuma encobrir esse vínculo fundante.

É esse vínculo que ainda subsiste dentro do que nos interessa, a relação entre o jornalismo e a indústria cinematográfica. O tratamento do filme, ou melhor, de todo filme como obra de arte, tornou-se um dogma. Há uma devoção dos jornalistas aos produtores de filmes como se os primeiros fossem críticos de alta influência e como se os segundos fossem artistas de iluminação incomum. Uma convenção cômoda, esse dogma apenas protege os enfoques deformados que hoje estão a lotear os espaços da imprensa.

Com todo o respeito pela sétima arte, é preciso dizer que atualmente há mais arte num videogame do que num filme comercial produzido por Hollywood. No entanto, em virtude da formação afrancesada (ou nem tanto) de muitos profissionais, o aparelhamento que servia para ler um filme de Buñuel, de Godard, de Fellini, é atualmente (mal) empregado para analisar coisas como *Loucademia de polícia*, *Velozes e furiosos* ou *Todo mundo em pânico*. Se é arte, então, por favor, teremos de fazer resenhas estéticas dos brinquedos do Playcenter, das bonecas Barbie e dos cortadores que fatiam melões em forma de estrelinhas. Há um descompasso enorme, irreconciliável, entre a formação do jornalista cultural, quando ela existe, e o lixo oferecido pela indústria.

Para completar o quadro atual, no entanto, é preciso partir para a identificação de sua segunda raiz. Essa se finca na idolatria de atores que se formou com o cinema. Com isso, apresentou-se uma nova demanda para a imprensa: cobrir a vida das estrelas para as legiões de fãs. Badalação, fofocas e *glamour*. Essa segunda raiz, própria da cultura de massa, ao juntar-se com a primeira, de corte mais – com o perdão do termo – erudito, produziu alguns dos monstrengos que nos proporcionam hoje o constrangimento de testemunhá-los. Em escalas, graus ou níveis diferentes, o que existe atualmente são combinações entre a pretensão, própria da primeira raiz, com a falta de distanciamento crítico, próprio da segunda. E os resultados estão aí.

Em sua imensa maioria, as entrevistas com atores, diretores e atrizes acontecem segundo as regras e as restrições impostas pelos estúdios e por seus astros. São operações de divulgação, sob estrito controle dos estúdios. Além das palavras, as imagens passam pelos mesmos controles. Não há fotojornalismo quando o assunto é cinema. A quase totalidade das fotos de filmes publicadas leva o crédito de "divulgação", o que significa: foram fornecidas pelos próprios produtores dos filmes. Rigorosamente, na fotografia, o que temos em jornais, revistas e televisões não é reportagem: é *press-release* visual.

É frustrante para o jornalista descobrir que ele existe para ajudar o *marketing* dos grandes estúdios e nada mais. *"That's show business! Let's do it!"* No entanto, isso é ainda mais frustrante do ponto de vista do público. Talvez a sua curiosidade ociosa esteja sendo entretida, mas o seu direito à informação não está sendo devidamente respeitado. Vivemos um tempo em que música, shows, filmes, emissoras de televisão e até pacotes turísticos estão interligados. Fábricas de bonequinhos de pelúcia vendem personagens de videogames. Alguns desses personagens já tinham brilhado no cinema depois de ter nascido nas revistas em quadrinhos dos anos 1930 ou 1940. O desenho animado, o telefone celular, a videolocadora, a antena parabólica estão virando uma estratégia só. Já não existem mais aqueles tempos em que o cinema era autoral, em que o cineasta era amigo do jornalista, em que a imprensa comportava uma crítica mais

A imprensa e o dever da liberdade

acadêmica, profunda, que modificava os rumos da própria arte. Agora tudo é "*show business*".

Queiramos ou não, acompanhar criticamente esses novos movimentos – que, mais do que estéticos, são econômicos e culturais além de, muitas vezes, políticos – é uma nova tarefa da imprensa, seja ela de propriedade dos conglomerados ou não. Para as empresas, trata-se de um desafio de mercado que requer inovação, senso de oportunidade, visão estratégica. Para os jornalistas, trata-se de um desafio mais sério. Um desafio ético, indelegável, de demarcação de independência e de dignidade profissional.

Nota

[1] Eu mesmo aprofundei o tema em *Sobre ética e imprensa*, São Paulo, Companhia das Letras, 2000.

A promiscuidade
com as fontes segundo
O beijo no asfalto

Preâmbulos

Sobre a obra em questão

O beijo no asfalto, de 1960, é a 13ª peça de Nelson Rodrigues. Estreou no dia 7 de julho de 1961, no Teatro Ginástico, no Rio de Janeiro, com o grupo de atores de Fernanda Montenegro. Escrita a pedido da própria atriz, teria sido inspirada na morte de um repórter do jornal *O Globo*, Pereira Rego, atropelado por um ônibus. Consta que o jornalista, percebendo que estava para morrer, pediu a uma jovem que lhe segurava a cabeça que o beijasse.

Em *O beijo no asfalto*, um rapaz atropelado da praça da Bandeira, agonizante, também pede um beijo, mas a um outro homem. Na peça, o repórter Amado Ribeiro presencia a cena e, mais tarde, com a colaboração do delegado Cunha, vai explorar o caso em manchetes de enorme sucesso. A propósito, o nome Amado Ribeiro é o mesmo de um repórter de *A Última Hora*, que de fato existia e que se vangloriava do retrato canalha com que Nelson Rodrigues o homenageava. O Amado Ribeiro do teatro não economiza sujeiras para distorcer os fatos e vender jornal. Arandir, o infeliz que, atendendo a pedidos, despacha o atropelado ao beijá-lo na boca, é a grande vítima das imundícies do jornalista. Será primeiro chamado de homossexual, depois de gilete e, finalmente de assassino. Amado criará a versão de que Arandir teria empurrado o ex-amante contra o ônibus em disparada e, num capricho, na despedida, teria coroado seu gesto com uma carícia de amor carnal.

Arandir será destroçado pela exposição. Ele, um jovem casado, gozoso em sua rotina de lua de mel ininterrupta com a jovem Selminha, "a imagem fina, frágil de uma moça, de intensa feminilidade", verá sua reputação de bom marido ir para o esgoto. Sua própria esposa duvidará de sua palavra. Sua honra será consumida, sem trégua, no curso de poucos dias. Ao final, escondido num quarto de hotel "ordinário", já moralmente dizimado pelo sensacionalismo voraz, vai lhe restar a declaração de amor rasgada de Dália, a cunhada novinha, que ele vai recusar.

Depois, será executado pelo sogro, "seu" Aprígio. O espectador é levado a pensar, ao longo de toda a peça, que Aprígio odeia Arandir, provavelmente enciumado pelo amor de homem que parece nutrir pela filha. Tanto é que Aprígio se recusa a pronunciar o nome do genro. Ao fim do terceiro e último ato, Aprígio se declara apaixonado por Arandir. Mata-o e, finalmente, diz a palavra que nunca admitira. Grita, por três vezes, cada vez mais alto, o nome de seu amado: "Arandir, Arandir, Arandir."

Sobre o que dela se dirá
e mais ainda sobre o que *não* se dirá

Este não é um exercício interpretativo da obra de Nelson Rodrigues. Não é uma exegese, não é uma crítica estética. O texto da peça é o ponto de partida para uma breve reflexão sobre a fronteira porosa entre o discurso ficcional e o discurso jornalístico, e, por desdobramento, sobre as fronteiras éticas que deveriam separar a reportagem do inquérito policial. A promiscuidade que pode se instalar nessa zona de fronteira também é tema desta reflexão, mas não como ponto de chegada. Esse se situa um pouco mais adiante, na identificação de uma interdependência inevitável entre o repertório da ficção e o registro documental e noticioso dos acontecimentos. Não é meu propósito apresentar aqui uma análise original e inovadora de *O beijo no asfalto*, embora não esteja inteiramente livre desse risco. Também não é meu propósito historiar as condições em que ela foi gerada, buscando nexos materiais entre o mundo da peça e a tal vida real, essa categoria mais duvidosa que a simples ficção. Só o que me interessa é discorrer sobre o jornalismo a partir de *O beijo no asfalto*. Não me interessa o que, nos diálogos criados pelo autor, foi retirado dos fatos e o que foi inventado arbitrariamente. Tomo a peça como realidade posta, de tal modo que todas as suas palavras, suas construções e suas moralidades têm, para mim, valor igual.

Fim dos preâmbulos.

* * *

No princípio, era o óbvio ululante. Eis aqui um começo. *O beijo no asfalto* retrata como pulha o profissional de imprensa, e essa expressão, "profissional de imprensa", não poderia ser mais cínica. Ser homem de imprensa em Nelson Rodrigues é uma grandessíssima de uma porcaria, posto que palavrões não se admitem. Repórter, fotógrafo, cronista, dono de jornal: apenas lama. Mas o resto também é lama. A jovem senhora tão virtuosa não é melhor; está mais interessada em um aborto para despejar fora o filho que vai lhe atrapalhar as núpcias prolongadas e fogosas com o discreto e vigoroso marido. O pai dela também não é melhor: secretamente lhe deseja o esposo. Também o marido que, coitado, beijou na boca o rapaz que ia morrer no meio da rua, não se salva. Depois de *O beijo no asfalto*, todos serão castigados, nus ou não. A pureza só tem refúgio, quando tem, como um embrião que fracassa antes de evoluir, apenas por um lampejo, o que de resto permanece óbvio, embora não ulule. Nem todo óbvio ulula, assim como nem tudo o que ulula é óbvio.

Olhemos mais de perto o jornalista de *O beijo no asfalto*, o tal Amado Ribeiro. Se ele fosse uma lâmpada, sua energia teria de ser a canalhice. Ele só brilha em cena quando a ética se apaga, mas dizer isso é dizer muito pouco. Mesmo assim, é forçoso observar que a lâmpada do jornalista só se acende quando seus atos ou palavras emporcalham a sua própria condição. Mais tecnicamente, pode-se dizer que o jornalista apenas ganha interesse quando sobe além do aceitável o ponteiro do termômetro que acusa o conflito de interesses. É na delegacia, dando ordens ao delegado, que o repórter Amado Ribeiro pauta, diagrama e titula sua manchete mais bombástica.

"Tenho uma bomba", ele comemora. As fronteiras entre polícia, crime e redação se dissolvem, quer dizer, não apenas se dissolvem. Elas precisam derreter para permitir que a vida de verdade aconteça. No universo dessa criação ficcional, a vida de carne e osso, a vida pra valer, a vida como ela é, para realizar-se intensamente, requer a queda das barreiras e a conjunção carnal de sujeitos incompatíveis: aí é que está a graça. Em *O beijo no asfalto*, o mundo da imprensa e o mundo da polícia fornicam desbragadamente. Separados, não passam de sistemas pálidos, burocráticos, sem força dramática. O desejo – e, portanto, o humano – só flui quando se abrem as válvulas da promiscuidade desenfreada, tornando poroso e lascivo o muro que segregaria as regras próprias dos dois sistemas teoricamente autônomos. Saliva, sêmen e outras secreções, além de sangue, que nunca é demais, têm que transfundir-se de um corpo a outro, assim também de um organismo social a outro, de um sistema a outro, num contrabando de interesses que penetram esferas às quais não deveriam pertencer. Desse modo, a ação ganha cores vibrantes. O muro moral vira um véu volátil, liquefeito, lascivo. Só então, o teatro arde.

Não custa registrar que o próprio título, *O beijo no asfalto*, incorre naquela figura de pensamento, a antítese. Asfalto, o chão mais bruto, o pavimento da rua pública, pavimento baixo, território de ninguém, ganha, nesse título, nada menos que um beijo. E o que pode haver de mais íntimo que um beijo? Um beijo é tão íntimo que, segundo comentam os especialistas, as militantes do sexo pago não se sentem à vontade para beijar os clientes na boca. O gosto pela união corporal dos extremos contrários faz parte do estilo desse ambiente dramático. Títulos assim, beneficiários desse mesmo recurso, chegam a ser repetitivos em Nelson Rodrigues. *Bonitinha, mas ordinária*, por exemplo. Ou *Viúva, porém honesta*, com a antítese maldosa instalada pelo "porém". A expressão "anjo pornográfico", dele próprio sobre si mesmo, repete a fórmula. Não é bem que os opostos se atraiam: eles se olham, se lambem e depois se naufragam um no outro, deliciando-se, para que o teatro exista.

Sigamos com o óbvio, pois que assim é no princípio. O conflito de interesses, mais que técnico, precisa ser apoteótico e, se não bastar, apologético de si mesmo. O conflito de interesses está para o repórter, para o delegado e para o bandido assim como o incesto está para toda aquela gente de família. Não basta incorrer no conflito, é preciso atirar-se de cabeça dentro dele, embebedar-se, fartar-se até morrer. O incesto acidental não é suficiente: ele há de ser o incesto cerimonial, o corolário esplêndido de todos os destinos. É preciso que o incesto seja o adultério gay dentro do incesto. Não contente em ter uma cunhada fixada no cunhado, em ter duas filhas convencidas de que o pai sonha em possuir uma delas, o autor inventa essa história de o pai amar o genro e, nesse amor homossexual, trair a própria filha. Não surpreende que, nesse universo em que o desvio faz as vezes de veio principal, o subúrbio assuma o posto de ser o centro.

O jornalista, voltando a ele, só goza quando mente, e goza mais ainda quando faz mentir, pela mesma razão que o aborto é pré-requisito para a felicidade da moça direita. O jornalismo, portanto, só se realiza como tara. Sua única verdade é a construção da farsa mais lúbrica e, também, a mais totalizante. Sendo uma farsa tão estúpida, conseguirá ser uma farsa unânime.

* * *

Dizer que um teatro assim proponha alguma crítica da imprensa é perda de tempo, do mesmo modo que é perda de tempo se falar em "crítica dos costumes", essa expressão também cínica, talvez tão cínica quanto aquela outra, profissional de imprensa. Não é nada disso. Eu talvez prefira arriscar que esse teatro é um filho bastardo do que há de mais degradado na pior das imprensas. Por isso tende a cuspir contra ela. Ele só se faz teatro para limpar-se dela, para emancipar-se, em outro domínio, no qual o que nela era ordinário nele vira beleza. Será? Estamos prestes a ingressar num terreno um pouco mais delicado. Façamos, por prudência, uma pausa, um intervalo, e voltemos nossa atenção aos personagens.

* * *

Ao ser chamado de "patife" pelo delegado Cunha, o jornalista Amado Ribeiro, "com triunfal descaso", responde: "Eu não me ofendo!". O outro, "desesperado com o cinismo", não se conforma: "Pois se ofenda!".[1]

Há mais dignidade no delegado corrupto do que no repórter de sucesso, como, ainda, é óbvio – ainda não nos libertamos do óbvio. O primeiro para se promover – precisa reabilitar-se – e o segundo para vender jornal vão se associar na exploração sensacionalista do tal do beijo gay que deu extrema unção a um tipo anônimo na praça da Bandeira.

AMADO *(na sua euforia profissional)* – Cunha, escuta. Vi um caso agora. Ali, na praça da Bandeira. Uma caso que. Cunha, ouve. Esse caso pode ser a sua salvação!

CUNHA *(num lamento)* – Estou mais sujo do que pau de galinheiro!

AMADO *(incisivo e jocundo)* – Porque você é uma besta, Cunha. Você é o delegado mais burro do Rio de Janeiro.

(Cunha ergue-se)

CUNHA *(entre ameaçador e suplicante)* – Não pense que. Você não se ofende, mas eu me ofendo.

[...]

AMADO – Olha. Agorinha, na praça da Bandeira. Um rapaz foi atropelado. Estava juntinho de mim. Nessa distância. O fato é que caiu. Vinha um lotação raspando. Rente ao meio-fio. Apanha o cara. Em cheio. Joga longe. Há aquele bafafá. Corre pra cá, corre pra lá. O sujeito estava lá, estendido, morrendo.

CUNHA *(que parece beber das palavras do repórter)* – E daí?

AMADO *(valorizando o efeito culminante)* – De repente, um outro cara aparece, ajoelha-se no asfalto, ajoelha-se. Apanha a cabeça do atropelado e dá-lhe um beijo na boca.

CUNHA *(confuso e insatisfeito)* – Que mais?

AMADO *(rindo)* – Só.

CUNHA *(desorientado)* – Quer dizer que. Um sujeito beija outro na boca e. Não houve mais nada. Só isso?

(Amado ergue-se. Anda de um lado para outro. Estaca, alarga o peito.)

AMADO – Só isso!

CUNHA – Não entendo.

AMADO *(abrindo os braços para o teto)* – Sujeito burro! *(para o delegado)* Escuta, escuta! Você não quer se limpar? Hein? Não quer se limpar?

CUNHA – Quero!

AMADO – Pois esse caso.

CUNHA – Mas...

AMADO – Não interrompe! Você não percebe? Escuta, rapaz! Esse caso pode ser a tua reabilitação e olha: eu vou vender jornal pra burro!

CUNHA – Mas como reabilitação?

AMADO – Manja. Quando eu vi o rapaz dar o beijo. Homem beijando homem. *(descritivo)* No asfalto. Praça da Bandeira. Gente assim. Me deu um troço, uma ideia genial. De repente. Cunha, vamos sacudir esta cidade. Eu você, nós dois! Cunha!

CUNHA *(deslumbrado)* – Nós dois?

(Amado dá-lhe nas costas um tapa triunfal. E começa a rir.)[2]

Que diálogo mais típico! O jornalista seduz o delegado. Não há outra palavra: seduz. Juntos, ou mais ou menos juntos, agirão em consonância, em compadrio, ou, mais exatamente, em acasalamento animal. Seus movimentos em cena, em sintonia com as falas, perfazem a dança do acasalamento. A reputação do sujeito que beijou o moribundo, é lógico, será atropelada pelo ônibus do sensacionalismo e dela nada restará, bem de acordo com o que manda chavão, uma vez que se trata mesmo de um chavão, o que logo veremos. O delegado, na torpe divisão de trabalho, é incumbido de investigar o episódio e, para tanto, submete o rapaz a interrogatórios que no início o intimidam e em seguida o crucificam, sempre segundo a orientação do profissional de imprensa. Quanto a este, sua parte no trato é promover a imagem do delegado, conferindo-lhe notoriedade, ou melhor, conferindo-lhe uma semana de popularidade garrafal.

É uma cena e tanto, o tipo da cena que clama – que ulula – para ser invocada como matriz de uma infinidade de episódios da assim chamada realidade, como "o caso Escola Base". Nesse recente escândalo de erro de imprensa, um delegado, na condução de um inquérito, viu-se lançado ao estrelato, firmando com os repórteres uma parelha de conveniências e vantagens. O inquérito tinha bases falsas ou, no mínimo, não comprovadas e, em uma semana, a honra de uma pequena escola e de uns poucos educadores virou pó de giz. Uma tragédia. Todos os dias, sem exagero, os veículos jornalísticos estampam reedições dessa mesma simbiose, às vezes envolvendo representantes do Ministério Público, às vezes policiais, mais raramente juízes, invariavelmente deputados e senadores. Essa, digamos, proatividade promíscua entre o sistema da informação jornalística, que tem suas regras próprias, e o sistema da política ou o sistema da justiça, em sentido bem amplo, cujas regras são outras, é constitutiva da cozinha da imprensa pátria.

À promiscuidade, que inclui a associação de interesses negociados, nas espécies mais criativas de pacto, vem somar-se o conhecido procedimento do "vazamentismo".[3] O termo "vazamento", no jargão não do jornalismo, mas do compadrio indevido entre jornalistas e suas fontes da esfera política, policial, judiciária ou econômica, designa o deslocamento indevido de uma informação, que deixa o seu lugar de direito e migra para a exposição estridente nos veículos de imprensa, no espaço público, sem que o agente desse deslocamento se deixe identificar. "Fulano vazou isso ou aquilo para a imprensa", diz-se. Ou: "Alguém sabe quem foi que vazou?". Note-se que essa zona de fronteira, marcada pela presença dos conflitos de interesses, entre repórteres e fontes ligadas a esferas de poder, está instituída e cristalizada a ponto de já contar com um jargão próprio. Como se fosse ela mesma, a zona de fronteira, um sistema autônomo.

O vazamentismo, mais que uma prática admitida tacitamente, é uma instituição nacional. Insisto: uma instituição. Sem ele, o jornalismo não funcionaria – o que talvez seja mais assustador que os interrogatórios pérfidos a que o tal rapaz que beijou o outro é submetido. O vazamentismo supõe o casamento da cumplicidade com a garantia do anonimato, e atenção para isso: vivemos no tempo em que o sigilo da fonte se converteu na consagração da delação anônima. Se é que não virou coisa pior. Essa modalidade um tanto cabocla de *off*, ou seja, a informação entregue à sorrelfa, com a clara solicitação de que seja publicada, mas de um tal modo que seu traficante permaneça oculto, nada tem a ver com o clássico *off the records*, uma conversa entre adultos, sóbria, que não precisa se dar em clandestinidade, mas que se estabelece com o compromisso de não se publicar o que ali se disser. Não porque se vá dizer algo de ilícito ou de impróprio, mas simplesmente porque aquela conversa se dará segundo uma informalidade que não se destina à publicação. Esse *off the records* existe para que repórteres e fontes se conheçam e se compreendam melhor. É um tipo de contato necessário à profissão. Já o vazamentismo, esse tipo de "offismo" desenfreado, obsessivo, é outra coisa. É um desvio. Uma informação "em *off*", esse *off* empobrecido, uma informação cuja origem se esconde, nas boas redações, pode dar origem a uma investigação responsável, mas não vai parar diretamente, sem maiores comprovações, no espaço público. Não obstante, assim é que o vazamentismo, de documentos ou declarações, tornou-se uma instituição nacional, e com ela convivemos.

É certo que a cena de Nelson Rodrigues não descreve exatamente esse tipo de fenômeno, tão corriqueiro. Ela fala de uma promiscuidade que eu chamaria de promiscuidade de segundo grau, que é o acumpliciamento de representantes de dois sistemas autônomos para, mais que contrabandear informação, fabricar uma grande mentira que lhes renda dividendos. Sabemos que em política, e em escalões superiores ao do repórter e do delegado incompetente, esse esporte é alegremente praticado por alguns dos donos de empresas de comunicação em conluio com outros poderosos. Na mesma época em que *O beijo no asfalto* brilhava no palco, isso para não irmos mais longe, nem mais perto, uma conspiração – e esta é a palavra – bem ao gosto dessa modalidade esportiva culminaria no Golpe de 1964.

A base do desvio é o estabelecimento das pontes de promiscuidade – que podem ser historicamente explicadas pela origem mesma do sistema de informação jornalística no Brasil, que é uma cria artificial do poder político. Ainda hoje, em algumas regiões, verifica-se a imbricação completa entre o mandonismo local e os órgãos de comunicação privados. A promiscuidade, nesses casos, seria determinada não por uma aproximação indevida, mas pela ausência do distanciamento devido, como se a imprensa ainda não tivesse se autonomizado em relação às oligarquias políticas e, entre ambas, ainda prevalecesse um vínculo que poderia ser chamado, numa pequena anedota, de "sentimento oceânico institucional", a exemplo do sentimento oceânico que simula, no plano psíquico, a fusão do corpo do filho que acaba de nascer ao corpo da mãe que acaba de expulsá-lo.

* * *

Como eu adiantara, a cena em que Amado Ribeiro seduz o delegado Cunha constitui um chavão. Não se trata de julgá-la em seu valor estético ou de questionar seu lugar na dramaturgia, mas de identificar sua existência como categoria de linguagem, ou, melhor dizendo, a linguagem da qual ela se tece. Esse ângulo de leitura se apresenta um pouco mais desafiador. A cena, definitivamente, não carrega pioneirismo na descrição que apresenta de mazelas da imprensa. Não há nada, absolutamente nada de original na figura do repórter que seduz um tira para vender papel na banca. Ao contrário, ela choca, ou comove, dependendo do ângulo, exatamente por ter referentes óbvios em condutas, mais que banais, banalizadas pela prática das redações da época (e não só da época) e pelo modo como essas redações já eram representadas na ficção, dos livros ao cinema. Para uma peça escrita em 1960, a descrição do jornalista como um fabricante de realidades, um ordenador inescrupuloso dos destinos alheios, não ia muito além das facilitações conhecidas.

É por ser um chavão que Amado Ribeiro garante divertimento para quem acredita – para divertir-se é preciso conhecer, reconhecer e acreditar – que a vilania ou a intencionalidade podem comandar o modo como o espetáculo joga com a sorte de qualquer um ou de um qualquer. Aquilo que o espectador

A promiscuidade com as fontes segundo *O beijo no asfalto*   57

imagina ser a "realidade" está ali, logo atrás da porta do teatro, para dar comprovação a tudo aquilo que ele vê sobre o palco. Por isso ele entende, comprova e ri da cena. *O beijo no asfalto* não fornece uma chave para que se decifre o real, como alguns poderiam supor; não ilumina a escuridão do submundo da corrupção, nem denuncia isso ou aquilo, ainda que possa ser tomada como "denúncia", mesmo que seja mais homenagem travessa que acusação. O que faz *O beijo no asfalto* é reverberar o já sabido, o já muito sabido, ao ponto do paroxismo, para livrá-lo, por aí, da dependência dos fatos e dar-lhe uma segunda chance como arte. E o que aqui pretende uma segunda chance como arte não é outra senão a linguagem do sensacionalismo.

Em todas as redações do Brasil, numas um pouco mais do que nas outras, alguém já disse que, se os fatos não confirmam a nossa matéria, pior para os fatos. Esse lema de Amado Ribeiro foi levado ainda mais longe pelo autor de *O beijo no asfalto*. Se os fatos não são o bastante para o sensacionalismo, ele proclama que o sensacionalismo almeja libertar-se dos fatos e manifestar-se plenamente em sua beleza crua. A depravação em suspensórios da peça diverte, enfim, não por descortinar o que já se via escancarado, mas por tratá-lo, sobre o palco, num ritmo tão... jornalístico. Tão sensacionalista. Os personagens podem até ser um pouco falsificados, um pouquinho só, mas ali está, em cena, o inventário depurado dos tipos que fazem a delícia do relato sensacionalista, já descomprometidos de seu dever de ter alguma relação com a tal realidade. Ali está, portanto, o sensacionalismo em sua mais profunda verdade. Não no objeto descrito, mas no modo de descrevê-lo. Ali, diante dos olhos e dos ouvidos da plateia.

Aquele é o jeito de ser do sensacionalismo. Aquele é o modo pelo qual o sensacionalismo se engalfinha no desejo dos olhos do leitor. A maneira como o repórter alicia o delegado lembra

58 A imprensa e o dever da liberdade

menos o truque do canto da celebridade que atrai a fonte e lembra mais, muito mais, a estratégia pela qual o sensacionalismo captura a alma do leitor: primeiro um choque; depois, o choque se abre numa proposta indecente de um prazer que não deixa ver; então, um pacto de baixeza em que se declara que ali ninguém presta; a seguir, uma oferta de gozo, um dar-se os braços no vício irresistível; por fim, um virar de página, de canal, de assunto, e tudo será esquecido, sem penas, sem responsabilidade. O consumidor do sensacionalismo tem sempre a proteção de pensar-se anônimo em seu gozo.

Esse diálogo de *O beijo no asfalto* – além de tantos outros – foi escrito pelo talento de um jornalista que é exímio em narrar como aquele personagem sem escrúpulos narraria; o próprio autor se traveste da condição do jornalista sem caráter que é seu personagem, escondendo-se no anonimato garantido pela boca de Amado Ribeiro. Isso, convenhamos, é divertido como o quê. Ali está um decalque jornalístico da representação estética do decalque que é o jornalismo, tecido a partir de caricaturas, lugares-comuns e grosserias concentradas. Cada fala é uma manchete. Ou quase.

A vilania do jornalista sem dignidade é um dos mais recorrentes chavões da indústria do entretenimento. Em filmes comerciais de Hollywood, o catálogo de personagens assim é vasto como lista telefônica. Um longa-metragem lançado dez anos antes de *O beijo no asfalto, A montanha dos sete abutres* (*The Big Carnival*, eua, 1951), dirigido e escrito, em parte, por Billy Wilder, com Kirk Douglas como protagonista, persiste como um bom protótipo. Numa cidadezinha de interior, um jovem que explorava uma caverna é surpreendido pelo desmoronamento de umas poucas pedras e fica preso lá dentro. Com esse fato na mão, um repórter local, Charles Tatum (Douglas), entra em conluio com o xerife para produzir o seu próprio show de

A promiscuidade com as fontes segundo *O beijo no asfalto*   59

sensacionalismo e, com isso, tentar arranjar um emprego num jornal de cidade grande. Desse modo, retarda o resgate do rapaz e atrai a atenção do país para a cidadezinha e para si próprio. Ele não cobre o fato: apropria-se do fato como um agente de circo e o converte em show sequenciado, mais ou menos como faz Amado Ribeiro em *O beijo no asfalto*. Charles Tatum e Amado Ribeiro terminam conduzindo à morte aquele de cuja tragédia extraem sua seiva. O chavão é este mesmo: o jornalista parece condenado a agenciar o seu objeto, sobretudo o seu objeto agonizante. Não é muito diferente disso, por sinal, e com todo o respeito, o drama de consciência que aflige Truman Capote às vésperas do lançamento do seu *A sangue frio*, ao menos segundo o que nos conta mais um filme de Hollywood, este de 2005. O chavão é retomado praticamente todo ano nas telas do mundo. Quanto a isso, *O beijo no asfalto* é mais um na multidão.

* ** *

É menos acertado dizer que *O beijo no asfalto* retrata a imprensa do que dizer que o submundo da imprensa é quem o redigiu. O seu autor lança mão de cacoetes de um editor de páginas policiais, dadas, em seu tempo, às literatices mais vulgares e aos efeitos especiais por força da adjetivação e do estilo cortante das manchetes. O sensacionalismo não precisa de princípios nem de originalidade. O que vende no sensacionalismo é o horror ou o fascínio que ele desperta. Ele usa o novo para entregar o velho, o conhecido, o repetido. No jornal sensacionalista, o personagem que conta, o personagem constante, não são os sujeitos, descartáveis, desprezíveis, fungíveis que estão ali esquartejados na primeira página. O personagem principal é a morte, ela mesma. Os presuntos que ali se enfileiram entram na história mais ou menos como os cristãos no Coliseu: o povo de Roma queria vê-los morrer para ver a morte de frente; não fazia diferença o nome da criatura. A morte, seus caprichos, seus truques para pegar os idiotas, esta é a notícia que vende. A morte é a protagonista do sensacionalismo, mesmo quando o sensacionalismo parece falar de sexo. A morte manda nele. O artesão das manchetes mais escabrosas, em seu manuseio delicado das palavras mais horrendas, beija a morte na boca, todas as noites. A morte então aparece no dia seguinte para a multidão. Quem é que a morte mais caprichosa alcançou ontem? Como foi? Quem é que foi traído pelo desejo e vai morrer moralmente? Eis o que busca, sequioso, o consumidor do sensacionalismo, nos jornais, no rádio, nos açougues policialescos no fim do dia na TV, na internet ou em outras artes mais teatrais.

Quando moleque, eu descobri um dia que se me aproximasse, bem silenciosamente, do grande galpão da granja do meu tio, onde milhares frangos cheios de hormônio cresciam aceleradamente, e ali, bem rente à tela que os cercava, desse um grito forte, um "pááá", como um tiro curto, repentino, de muitos decibéis, uns dois ou três pulavam e caíam duros. Os pintos morriam de susto. Morriam do coração. Provocar tal fatalidade nos excitava, a mim e a meus irmãos. Qual deles vai morrer agora? E gritávamos.

Hoje penso que nós, consumidores de sensacionalismo, estamos no mundo como as galinhas brancas e os adolescentes estavam na granja do meu tio. E nós nos perguntamos, medrosos: qual de nós agora será sorteado pela morte, que vai nos pregar uma das suas molecagens? Qual de nós será beijado pela morte? Assim mastigamos a nossa ração informativa de cada dia, a ração apelativa. Inchados de hormônios, com as luzes acesas durante a noite, somos frangos alfabetizados, afeitos às manchetes que nos lembram que ainda não foi agora que caímos estatelados de susto, ou traídos por uma curva do desejo.

A promiscuidade com as fontes segundo *O beijo no asfalto*   61

Nelson Rodrigues faz teatro como quem faz manchetes que sangram e, sangrando, redimem o leitor por um dia mais. As frases curtas e cortadas, como se fossem subtítulos, a secura da sintaxe, tudo parece recolhido do chão sob a mesa do linotipista. Com esse lixo que lhe serve de matéria-prima, o autor se vale do nome do jornal de verdade, do repórter de verdade – talvez tenha usado uma legenda de verdade, vai saber. O exercício de ler as falas em lugar de ouvi-las revela a colagem vocabular que ali se faz a partir de recortes da imprensa popular dos anos 1950. Sim, há uma caricatura de jornalista em *O beijo no asfalto*, mas, por sob essa construção mais ou menos deliberada, há o material genético da reportagem policial de sarjeta, prostíbulo e camburão. O texto da peça faz brilhar o sensacionalismo depurado, que foi ao teatro para se livrar dos últimos fios que o atavam aos fatos, que cuspiu na cara da verdade alheia para encarar a sua própria.

* * *

E assim nos afastamos um pouco do óbvio que ulula, que fica ululando já longe, longe daqui. Nós nos aproximamos, lentamente, do discurso jornalístico que da própria costela arranca esse subproduto chamado teatro. Não há de ser algo assim tão problemático, isso de o jornalismo um tanto abastardado, que é o sensacionalismo, gerar um outro filho que decide subir aos palcos. A questão, nessa minha perspectiva, é que o repertório – inclusive léxico – de onde brota *O beijo no asfalto* não é outro que não o sensacionalismo.

Outro dia um amigo me perguntou: qual a base material de um cinema como o de Quentin Tarantino? Ele imaginava que a expressão artística precisa de base material fora da linguagem, e eu respondi a ele: ora, a base material do cinema de Quentin

62 A imprensa e o dever da liberdade

Tarantino são os filmes de Bruce Lee, os *western spaghetti*, os filmes *trash* de horror adolescente, recombinados e levados ao micro-ondas. A indústria do entretenimento é uma base material mais que suficiente, do mesmo modo que o signo concentra a materialidade da ideologia. Passados quase cinquenta anos da estreia de *O beijo no asfalto*, podemos afirmar que os signos sobre os quais se assenta o seu teatro vêm do jornal sensacionalista, que se tornariam componentes do espetáculo. A peça pode ser lida como uma colagem e uma sistematização de estereótipos que nos foram legados pelo sensacionalismo e, por desdobramento, dá novo impulso na propagação desses mesmos estereótipos.

O sensacionalismo policial das décadas de 1920, 1930, 1940 e 1950, antes um meio de entreter as massas que um meio de informá-las, acompanhado pelas críticas de arte e dos obituários que o ladeavam nas páginas impressas, fornece o suporte sígnico, quando não as pessoas e as frases sem tirar nem pôr, ao trabalho autoral que produz *O beijo no asfalto*. Assim como, ao final do século XVIII, o discurso jornalístico só se faz possível porque tem como fonte a própria literatura e seus autores, esse teatro do qual agora nos ocupamos só pôde existir porque brotou da redação que respirava promiscuidade, dada à pratica das literatices e do invencionismo burlesco.

A exemplo de Amado Ribeiro, mas por motivos completamente outros, eu não me ofendo.

Notas

[1] Nelson Rodrigues, *Teatro completo*, org. e intr. de Sábato Magaldi, Rio de Janeiro, Nova Fronteira, 1989, v. 4 – Tragédias Cariocas II, p. 92.

[2] Idem, p. 93-95.

[3] O termo não é meu. Eu o li pela primeira vez em um texto de Marcelo Leite, ex-*ombudsman* da *Folha de S.Paulo*, que o empregou em sua coluna, em 31 de dezembro de 1995.

Informação e guerra
a serviço do espetáculo

Edifícios e signos em derretimento

Quem viu as duas torres gêmeas de Nova Iorque vindo abaixo pela televisão, no dia 11 de setembro de 2001, converteu-se em mutilado de guerra. Mutilado no olhar. Considerando que quase todos ou mesmo todos viram a cena, é forçoso concluir que quase todos ou mesmo todos acabaram por se tornar mutilados de guerra. O atentado contra o World Trade Center foi o que se pode chamar de campeão de audiência, transmitido ao vivo e depois reprisado e reeditado em câmera lenta em todo lugar.

As torres gêmeas amarravam, ou melhor, ajudavam a sustentar, como um grande nó, a teia imaginária a que se dava o nome de "nova ordem mundial". Agora, quando não existe mais – ou, pelo menos, quando já não existe como costumava existir –, a velha "nova ordem mundial" pode ser definida como uma extinta estabilidade construída na ordem do visível.

Alvejadas por aviões de carreira, tendo por pano de fundo um resplandecente céu de brigadeiro, as torres deixaram ver, por trás de seu próprio desmoronamento, o que silenciosamente representavam: a inviolabilidade do espaço aéreo americano, a inviolabilidade da supremacia americana. Elas existiram como um duplo cetro, um ícone que, do sul da ilha de Manhattan, centro financeiro do capitalismo, projetava poder e superioridade para dentro das retinas dos habitantes da Terra. Ao derrubá-las, ao incendiá-las, ao fazê-las dissolver como velas de má qualidade, como picolés sob o sol, os agressores promoveram mais que um ato de guerra contra os Estados Unidos: promoveram uma incisão nas córneas da cada testemunha ocular para arrancar-lhe (amputar-lhe) o sentido que ordenava e codificava o que podia ser olhado.

No lugar das duas torres, irrompeu o vazio. O ato terrorista de 11 de setembro descosturou a paisagem e, mais ainda, abriu um rasgo na linguagem, esgarçou a ideologia, deixando ver o lado escuro do avesso do cenário. O ato terrorista interferiu na instância do olhar, que conecta a sociedade consigo mesma, e, assim, conseguiu o inacreditável: feriu o corpo de cada um, tanto daqueles a quem pôde matar sob os escombros dos edifícios como daqueles a quem, na forma de um show, alcançou como imagem.

* * *

O que não deveria ser surpresa alguma. É na imagem e pela imagem que as verdades do nosso tempo são feitas e desfeitas. Ferir a imagem é, em alguma medida, ferir a verdade. No mínimo, ferir a imagem é fazer-se ouvir nos processos sociais de construção da(s) verdade(s). Quebrar as vitrines das lanchonetes da rede McDonald's é, antes de agressão física,

Informação e guerra a serviço do espetáculo   65

uma intervenção no plano da imagem. Implantar uma lanchonete McDonald's numa esquina qualquer é uma intervenção do mesmo tipo, mas de sinal invertido. Alguns dizem, não sem razão, que somos uma sociedade integrada pela imagem, uma sociedade que se define e se reconhece pela imagem, dizem que é por meio da imagem que se negociam os sentidos e que a verdade vai sendo tecida.

Com efeito, vivemos num mundo que estabeleceu um sinal de igualdade entre visível e verdadeiro. No dizer de Régis Debray, esse sinal de igualdade sintetiza a "equação da era visual: Visível=Real=Verdadeiro". Para Debray, "somos a primeira civilização que pode julgar-se autorizada por seus aparelhos a acreditar em seus olhos".[1] (Faço aqui uma citação recortada, uma citação da qual suprimi alguns trechos. Debray diz mais que isso, como logo veremos. Por ora, fiquemos apenas com isso.)

"Acreditar em seus olhos", o que significa? Não se trata de uma reedição empolada do "ver para crer" de São Tomé. É algo um pouco menos linear que isso, um pouco mais "ontológico", por assim dizer. Nessa perspectiva, os olhos não são meramente uma ferramenta de verificação do verdadeiro, mas o único nível em que as verdades podem ser socialmente construídas e consolidadas. Significa dizer que, fora do olhar, não há mais verdade possível – ao menos para o que Debray chama de a nossa "civilização".

Voltemos ao trauma do 11 de setembro. Naquele dia, as plateias, adestradas para crer nos próprios olhos, foram confrontadas com a sensação exasperante de ter de duvidar deles, nem que fosse por uns poucos segundos. O golpe que desfigurava o horizonte de Nova Iorque desfigurava também o que estava ordenado para ser visto. Por um instante, fugaz mas traumático, ver não foi sinônimo de reconhecer (a reafirmação imaginária opera pela reiteração); foi sinônimo de desconhecer. Aquilo que se via pela TV parecia um evento indigno de crédito. Foi sintomático o empenho de inúmeros locutores de televisão, de vários países, em avisar os telespectadores de que aquelas cenas não eram filme de ficção, não eram efeitos especiais, mas um registro jornalístico dos fatos. O incrível era para ser crível. O impossível era o factual. Era preciso advertir o público de que o inconcebível era simplesmente, a partir daquele momento, uma nova conformação do visível e, em consequência, uma nova conformação da verdade. Mesmo assim, os olhos duvidavam.

Aí, os olhos que duvidavam articulavam a sua forma peculiar de olhar como uma forma peculiar de conceber a verdade. A nova conformação da verdade não foi propriamente entendida assim, como uma nova conformação da verdade, mas como algo que pode ser entendido – e visto – como uma ferida na verdade posta. Em outras palavras, o que ficou visível e, logo, crível no atentado de 11 de setembro não foi bem que uma nova verdade se estabeleceu, mas que algo produziu uma deformação na verdade estabelecida assim como algo produziu uma deformação no cenário.

Isso nos ajuda a pensar um pouco mais na definição dessa verdade que se constrói no olhar. Ela não é o que se constata no visível com o aparelho ocular. Ela deve ser formulada de um outro móvel: a verdade é que o visível, mais que um suporte em que os signos se deixam olhar, é um sistema que ordena os signos. Enfim, não é porque verificamos a verdade com os olhos que somos uma civilização autorizada a crer nos próprios olhos, mas porque somente no olhar é que a verdade pode adquirir sua dimensão social. O que não couber no olhar jamais será verdadeiro, nem sequer existente. O vazio, por exemplo, jamais será verdadeiro e será imediatamente suprimido.

Ver, então, é subordinar-se ontologicamente ao ordenamento posto pelo olhar. Ver que há uma deformação na verdade posta não significa "enxergar" para além da verdade posta, mas olhá-la, assim deformada, como quem precisa repará-la, restaurá-la, nem que seja sobre seus próprios fragmentos assimilados como monumentos, nem que seja para reinstaurar, enfim, o olhar como reconhecimento sempre recorrente. Eis a verdade da "nossa civilização": só no olhar é possível o contato com a verdade, ou seja, a única verdade é o tecido do (e pelo) olhar.

No instante do trauma, porém, a dor no olhar era intensa. Foi como se os apresentadores dissessem: "Você está, como sempre esteve e sempre estará, autorizado a crer em seus olhos. Sobretudo agora". O sujeito-telespectador era desafiado a se rearranjar internamente para encontrar um novo caminho por meio do qual pudesse se relacionar com a verdade, essa entidade pertencente ao visível, enquanto seus olhos pareciam incapazes de ver qualquer coisa além do vazio aterrorizante. Terror, de fato. Nesse plano, o plano do olhar, o atentado de 11 de setembro foi efetivamente um ato de terror. Em outros termos, foi um atentado que marcou o ingresso da lógica do terror dentro da lógica do espetáculo, em uma plenitude jamais verificada antes. Duvidar dos próprios olhos marcou o contato com o trauma: a exemplo do mutilado de guerra que tenta mover um músculo que já não possui, o mutilado do olhar tenta acionar um ícone, carregado de sentido imaginário, e se dá conta de que esse ícone já não existe – e seu sentido imaginário virou poeira negra, fumaça, carnificina.

O terror, em suma, é o vazio. Para tapar o vazio, o visível se insurge com mais força e mais determinação. Duvidar dos próprios olhos, portanto, é como que esfregá-los com as mãos para em seguida reabri-los com fúria, certificar-se do visível que resta e, então, crer (nos olhos e no visível) com mais intensidade.

68 A imprensa e o dever da liberdade

Com mais intensidade e mais desejo de restaurar a verdade e o
império do visível. Desejo é bem a palavra.

* * *

O desejo é a força constitutiva – talvez motriz, com o perdão da metáfora mecânica – da civilização da imagem. Aqui
vale a pena retomar Régis Debray e transcrever outra vez aquela
mesma citação (mas, agora, sem suprimir os trechos que foram
omitidos ali atrás. Vamos ao trecho por inteiro, tal como ele se
acha no livro *Vida e morte da imagem*, de onde o tiramos):

> A equação da era visual: Visível=Real=Verdadeiro.
> Ontologia fantasmática da ordem do desejo inconsciente.
> No entanto, desejo, doravante, bastante poderoso e bem
> equipado para alinhar seus sintomas em uma verdadei-
> ra nova ordem. Somos a primeira civilização que pode
> julgar-se autorizada por seus aparelhos a acreditar em
> seus olhos.

Para Debray, a esfera do desejo não está perdida, mas
presente. Essa seria, pois, a civilização que vê e torna visível
o que deseja, e que necessariamente não tem consciência do
que deseja.[2] A verdade, nesta civilização, deixa de ser uma
descoberta – ou uma construção – da consciência: torna-se
prolongamento do desejo na instância do olhar. Ver, nesse
sentido, é um processo estritamente imaginário, divorciado de
um outro processo, justamente aquele que vem sendo banido
da civilização da imagem, que é o processo do pensamento.
No olhar, para continuarmos com a terminologia de Debray,
é o desejo inconsciente quem ordena o visível e, portanto, é ele
quem ordena aquilo que ordena o que é visto. O sujeito vê o
que o desejo inconsciente lhe ordena. Ver e desejar – seja desejar

como repulsa, seja desejar como atração – constituem pulsões equivalentes nos marcos da civilização da imagem.

A verdade é assim revelada (moldada) pela "ontologia fantasmática do desejo inconsciente". Não por acaso, o termo "fantasmática" aparece aqui. Ele se refere ao conceito de fantasma em Lacan, que nada mais é que o complexo formado pela junção inconsciente do sujeito com o pequeno objeto que lhe dá sentido imaginário, junção que é precipitada e cimentada pelo desejo.[3] É como se a civilização da imagem fabricasse, como imagem, o(s) objeto(s) de que se vale para obturar os vazios ou as fissuras que, instauradas no tecido do olhar, deixariam ver (sem querer e sem querer autorizar) a falta mais profunda, mais essencial, mais insuportável.

Aí estaria uma pista de explicação possível para o fato de que, ao vazio aberto pelo atentado de 11 de setembro, sucedeu-se uma intensa atividade de produção de imagens. Elas teriam, antes de tudo, o sentido de cobrir o vazio. E isso não tanto segundo a lógica do poder, que seria uma lógica às vezes política ou às vezes militar, mas segundo a lógica do desejo. O poder, dentro da civilização da imagem, é tanto mais poder quanto mais sabe corresponder e antecipar-se à lógica do desejo.

(A lógica do poder vai deixando, ela também, de ter parte com a razão e vai mesmo deixando de *pretender* ter parte com a razão ou, noutros termos, com o pensamento, o que nos remete a um paradoxo crucial do nosso tempo, qual seja, a ilusão de que uma civilização da imagem pode ser uma civilização, por assim dizer, civilizada ou civilizadora. Quando se fala numa civilização da imagem, presidida pela ordem do desejo inconsciente, fala-se de uma civilização que no mínimo negligencia estruturalmente os processos de mediação entre o desejo e a convivência, mediações que tornam possível – civilizada – a convivência; fala-se, noutros termos, numa civilização mais inclinada para atos de barbárie, como a promoção da guerra espetacular, que se põem como fator de gozo, e menos inclinada à superação do que há de selvagem em si mesma.)

* * *

A data de 11 de setembro inaugura uma nova era, há quem diga uma nova "nova ordem mundial", na qual a guerra é travada, antes, na dimensão do olhar. Não que a guerra como espetáculo não aconteça desde sempre. O que distingue o período presente de todos os outros é que, agora, a dimensão do olhar assume a centralidade da guerra e do terror, assim como já havia assumido a centralidade da política, da cultura, da religião e da própria economia. Sim, isso mesmo: da economia ou, mais propriamente, do capitalismo.

A intensa atividade de produção de imagem que se seguiu ao 11 de setembro, que se dá na instância do olhar e que obedece à lógica do desejo inconsciente, é uma intensa atividade de produção industrial. Mais que isso, é uma atividade que se põe como um modo de produção. O espetáculo é um modo de produção. Sem que se leve isso em conta não há como compreender o modo pelo qual o poder, o desejo e o capital se articulam feito uma trança para produzir o que aqui estamos identificando como a instância do olhar.

Não vivemos apenas sob a tirania de relações sociais exclusivamente voltadas à produção e à circulação de mercadorias, não é só isso. Nós vivemos sob um regime voltado à produção da imagem: da imagem da mercadoria e da imagem *como* mercadoria. O culto à mercadoria – que já constituía um fator de barbárie e que apenas se intensificou ao longo do século xx – desaguou no culto à imagem da mercadoria, o que permitiu o destravamento do princípio de acumulação e reprodução do capital, lançando ambos a uma escala jamais vista.

A natureza do capitalismo e do capital foi alterada a partir do final da Segunda Guerra. Em 1967, Guy Debord, em seu clássico *A sociedade do espetáculo*, apontava: "O espetáculo é o *capital* em tal grau de acumulação que se torna imagem."[4] Ele dizia mais: "O capital já não é o centro invisível que dirige o modo de produção: sua acumulação o estende até a periferia sob a forma de objetos sensíveis. Toda a extensão da sociedade é o seu retrato."[5] No imaginário contemporâneo, os signos que se apresentam como objetos-mercadorias para promover a completude imaginária do sujeito tornam visível o próprio capital – e monopolizam o campo do visível. Não há, portanto, uma descontinuidade entre a tirania da mercadoria sobre o sujeito e a tirania da imagem (da mercadoria e como mercadoria) sobre o sujeito. Ao contrário: a imagem é o prolongamento exponenciado do predomínio da mercadoria sobre a vida social. Tanto que, para Debord, "o espetáculo é o momento em que a mercadoria *ocupou totalmente* a vida social. Não apenas a relação com a mercadoria é visível, mas não se consegue ver nada além dela: o mundo que se vê é o seu mundo".[6] Mais ainda: "O consumidor real torna-se consumidor de ilusões. A mercadoria é essa ilusão efetivamente real, e o espetáculo é sua manifestação geral."[7]

Concentrada em imagem, ou renascida na imagem de si mesma, a mercadoria (ou simplesmente a imagem, pois uma e outra se indiferenciam) é a correspondência, no olhar, do sentido que o sujeito procura para si mesmo: ocupa o objeto que fornece a completude imaginária do sujeito. Sendo modo de produção, o espetáculo, no entender de Debord, é o que unifica e dá um patamar ao capitalismo. Aí, ainda que Debord não o diga com todas as letras, o desejo inconsciente flui nas veias da produção e do consumo da imagem; o capitalismo passa a parasitar as teias do desejo. Ambos os processos se tornam mais selvagens do que jamais foram. Repetindo: desejo, capital e poder compõem uma trança compacta, única, e sua existência se materializa no olhar.

O reordenamento do imaginário com o auxílio do jornalismo

Agora podemos nos dedicar um pouco à recapitulação da intensa atividade de produção de imagens que se seguiu ao 11 de setembro. Revela-se aí o modo como se articula a trança formada pelo desejo, pelo capital e pelo poder.

Após os ataques, como há de ser lembrado, aconteceu todo tipo de manifestação de autoridades e pessoas comuns. Uma dessas manifestações merece nota. Dez dias após o ataque, numa sexta-feira, dia 21 de setembro, personalidades famosas da indústria fonográfica e da indústria cinematográfica se reuniram num show de TV transmitido por algumas emissoras para diversos países. No Brasil, era possível sintonizar o programa em três ou quatro canais americanos por assinatura.

Foi um evento musical, ao vivo, encenado em três estúdios localizados em três cidades diferentes – Londres, Nova Iorque e Los Angeles. Os endereços não eram divulgados por motivos, segundo os apresentadores, de segurança. Paredes negras, luz de velas, muitas velas, astros em trajes escuros, acordes em luto. A ambientação sugeria um clima de abrigo antiaéreo, de salas subterrâneas, de catacumbas. Foi uma cerimônia fúnebre e também uma celebração cívica, um réquiem pop e um canto de combate, um pranto e um chamamento à ação, à reação. Entre uma canção e outra, atores de cinema atendiam, diante das câmeras, telefonemas que traziam doações em dinheiro aos familiares das vítimas do World Trade Center. Os astros cantavam, declamavam e pediam donativos com os semblantes condoídos e, ao mesmo tempo, resolutos. Foi uma solenidade religiosa, sim, mas, como a religião do "mundo ocidental" é o entretenimento de mercado, a solenidade foi acima de tudo uma solenidade hollywoodiana cuja natureza política era explícita. Heroica: os rostos famosos do entretenimento eram anjos recém-chegados do Olimpo em socorro dos heróis alquebrados. Ali se consumava o início da vingança, no plano do espetáculo, a um ataque sofrido também no plano do espetáculo.

A preparação do primeiro revide que estava por vir, a invasão militar do Afeganistão, começava a ser preparada num consenso global costurado não nos fóruns da política internacional, mas nos cenários do entretenimento. Os tempos, os termos, a dinâmica do espetáculo ditaram a reação. Em outubro de 2001, o site da agência Reuters, em reportagem assinada por Steve Gorman, noticiava uma aliança entre a cúpula do exército americano e a indústria do entretenimento para projetar cenários e tendências da chamada guerra contra o terrorismo. O Institute for Creative Technologies (www.ict. usc.edu), na University of Southern California, fundado em agosto de 1999 com dinheiro do Exército americano para fornecer softwares de treinamento aos soldados com base em tecnologia de videogames e efeitos especiais, acabava de ganhar uma nova atribuição. Cineastas como David Fincher (*Clube da luta*) e Joseph Zito (*Invasão dos Estados Unidos*) e roteiristas como Steven E. de Souza (*Duro de matar*) participavam de encontros com militares para imaginar possíveis ações terroristas.[8] A fusão das operações de guerra (próprias do que se entende comumente como "o mundo real") com as operações do entretenimento (o mundo da ficção) deu, aí, mais um passo. No dia 11 de setembro, foi preciso que os jornalistas de TV alertassem o público para que ninguém tomasse aquelas cenas espetaculares por peça de ficção, pois aquelas eram cenas "reais"; depois do 11 de setembro, a formulação de políticas públicas e a estratégia de ataque e defesa passaram a contar com a *expertise* dos estúdios de cinema. O entretenimento foi absorvido pela estratégia militar – ou vice-versa. A política e a guerra prolongam Hollywood – ou vice-versa. Materialmente. Organicamente.

O entretenimento, indústria de ponta do espetáculo globalizado, passou a dar o tom da retaliação americana. Shows de música, especialistas em filmes de ação, tecnologias de videogame passaram a confeccionar a identidade, a significação, a coreografia e a indumentária da vingança do império. O jornalismo, o discurso supostamente encarregado dos relatos factuais, viria a reboque – ao menos no que dependesse da vontade e das iniciativas de Bush.

* * *

Nas semanas que se seguiram aos atentados, foi bastante debatida a tentativa do governo Bush de "enquadrar" as redes de televisão do país na cobertura da Guerra do Afeganistão. Havia orientações explícitas de que não fossem transmitidas ao vivo as entrevistas com os líderes do Talibã, a milícia que governava o Afeganistão, onde estava refugiado o saudita Osama bin Laden, acusado de comandar os atentados de 11 de setembro. Em grande parte, Bush foi obedecido. De um modo ou de outro, as redes de TV americanas, privadas, ofereceram uma cobertura de inclinações mais governistas do que as redes públicas da BBC de Londres, cujo governo sempre se alinhou aos americanos. O fato merece nota: a utopia liberal da imprensa crítica e independente vinha por terra, pois a ideia liberal de que a imprensa livre é mais eficaz e mais vigilante em relação à máquina do Estado quando organizada em uma empresa privada mostrou-se sem validade; deixou de valer, de modo explícito, após o 11 de setembro. Essa constatação, a de que o jornalismo de uma empresa estatal é capaz de um olhar menos oficialista do que o jornalismo realizado por empresas privadas, iria se tornar indiscutível ao menos até o fim da guerra que Estados Unidos e Grã-Bretanha moveram contra o Iraque, em março de 2003.

Alguma reserva de espaço independente durante todo esse período conseguiu sobreviver na imprensa americana, nos jornais impressos. No dia 19 de fevereiro de 2002, *The New York Times* informou que o Pentágono tramava disparar saraivadas de mentiras contra a opinião pública mundial. "Pentágono planeja plantar notícias falsas na mídia internacional", dizia a manchete publicada no "UOL – Mídia Global". O texto explicava que o objetivo da nova estratégia era combater a propaganda do Talibã e influenciar governos e populações de outros países.[9] A ideia, gerada no interior do Escritório de Influência Estratégica (órgão criado pelo Pentágono logo após os atentados), suscitou tantos protestos que logo foi abortada. Sofreu resistência do próprio Departamento de Estado. Donald Rumsfeld, secretário da Defesa dos EUA, mandaria fechar o Escritório ainda em fevereiro. Mesmo assim, o projeto de usar relatos e veículos jornalísticos de forma articulada para, em dueto com o entretenimento, formatar os humores do público jamais seria abandonado.

Ao contrário, as interferências do governo americano sobre a mídia mundial só recrudesceram desde então. Relações promíscuas entre magnatas da mídia e o governo se aprofundaram, comprometendo a independência jornalística. Observadores de alta credibilidade lançaram o alerta. No dia 30 de novembro de 2002, um artigo de Paul Krugman publicado no mesmo *The New York Times* alertava, logo no título: "Conflitos de interesses podem ameaçar a democracia americana". Krugman começava citando uma declaração do ex-vice-presidente Al Gore, segundo o qual, "hoje em dia, a mídia está meio estranha no que diz respeito à política e algumas vozes institucionais importantes se tornaram, falando francamente, parte essencial do Partido Republicano". A seguir, o articulista acusava a cobertura da Fox News de ambiguidade e relacionava a isso o fato de que o presidente da rede, Roger Ailes, estava "assessorando" o governo Bush. Ele prosseguia: "Já tivemos alguns casos peculiares de notícias que não foram divulgadas. Por exemplo, a manifestação de cem mil pessoas contra a guerra (ao Iraque), em Washington, no mês passado – um fato importante, qualquer que seja a sua opinião a respeito –, foi quase ignorada por alguns veículos de peso".

No dia 17 de fevereiro de 2002, uma reportagem publicada na *Folha de S.Paulo* dava conta de que os Estados Unidos voltavam à carga na guerra de informações: "Força dos EUA poderá agir em países aliados – Departamento da Defesa estuda possibilidade de usar militares para influenciar opinião pública estrangeira".[10] Segundo informava o texto, as forças americanas seriam usadas em "operações secretas de propaganda política em países aliados ou neutros". Novamente a ideia de impor, mediante recursos de força, dados falsos como se fossem verdadeiros suscitava resistências no interior do próprio Departamento de Estado, mas, com idas e vindas, as ações do governo para controlar a opinião pública se tornavam mais fortes.

No dia 6 de março de 2003, uma notícia alarmante – ao menos para aqueles que se preocupam com a credibilidade e

Informação e guerra a serviço do espetáculo 77

a correção das informações veiculadas pelas instituições jornalísticas do mundo dito democrático – chegou ao público brasileiro por meio do diário *O Estado de S. Paulo*. "Renúncia contra a manipulação" foi o título do artigo, cujos trechos mais importantes são reproduzidos aqui:

> Veterano de vinte anos do serviço diplomático dos EUA, John Brady Kiesling – que era conselheiro político das embaixadas americanas – renunciou na semana passada, denunciando as ações de manipulação da opinião pública e a distorção de dados de inteligência, por parte do governo americano, para justificar uma guerra contra o Iraque. A seguir, a íntegra da carta de renúncia de Kiesling enviada ao secretário de Estado, Colin Powell:
>
> "Caro sr. secretário:
>
> Estou lhe escrevendo para apresentar minha renúncia ao Serviço de Relações Exteriores dos EUA e ao meu cargo de consultor político da embaixada dos EUA em Atenas. Faço isso com dor no coração. Minha criação incluiu a obrigação de fazer algo por meu país. Servir à diplomacia dos EUA era um sonho. Fui pago para aprender idiomas e conhecer culturas estrangeiras, relacionar-me com diplomatas, políticos, acadêmicos e jornalistas e convencê-los de que os interesses deles e dos EUA eram fundamentalmente coincidentes. Minha crença em meu país e seus valores foi a mais poderosa arma de meu arsenal diplomático.
>
> Foi inevitável que vinte anos a serviço no Departamento de Estado me tornassem menos ingênuo e mais cético em relação aos motivos estreitos e egoístas que às vezes moldaram nossas políticas. A natureza humana é o que é, e fui recompensado e promovido por entendê-la. Mas, até este governo, foi possível acreditar que, defendendo as políticas do meu presidente, eu estava também defendendo os interesses do povo americano e do mundo. Agora não acredito mais nisso. As políticas que agora nos pedem para

adotar são incompatíveis não apenas com os valores americanos, mas também com os interesses americanos. Nossa insistência numa guerra contra o Iraque está nos levando a malbaratar a legitimidade internacional que tem sido a mais poderosa arma dos EUA, tanto de ataque quanto de defesa, desde a época de Woodrow Wilson.

[...]

Desde a Guerra do Vietnã, não víamos tal distorção do serviço de informações, tal manipulação sistemática da opinião pública americana. A tragédia de 11 de setembro nos deixou mais fortes do que antes, agregando em torno de nós uma vasta coalizão internacional para cooperar, pela primeira vez de uma forma sistemática, contra a ameaça do terrorismo. Mas em vez de colher os louros desses sucessos e capitalizar em cima deles, o governo optou por fazer do terrorismo uma ferramenta política doméstica, recrutando uma Al-Qaeda dispersa e em grande parte derrotada como seu aliado burocrático. Nós espalhamos um terror e uma confusão terríveis na mente da população, arbitrariamente ligando ao Iraque problemas de terrorismo com os quais o país não está relacionado.

[...]

Os fatos de 11 de setembro fizeram menos para danificar o tecido social americano do que parecemos determinados a fazer nós mesmos. Seria a Rússia dos Romanovs nosso verdadeiro modelo, um império egoísta e supersticioso trilhando a trajetória da autodestruição em nome de um *status quo* condenado? Devíamos perguntar-nos por que não temos conseguido persuadir o mundo de que uma guerra com o Iraque é necessária. Nos últimos dois anos, muito fizemos para convencer nossos parceiros mundiais que os interesses estreitos e mercenários dos EUA suplantam os valores acalentados por nossos parceiros. Mesmo onde

Informação e guerra a serviço do espetáculo   79

nossos objetivos não estavam em questão, nossa congruência era motivo de contenda.

O modelo do Afeganistão é de pouco conforto para os aliados que estão se perguntando sobre que bases planejamos reconstruir o Oriente Médio.

Será que ficamos cegos a nossas próprias recomendações – como a Rússia é cega em relação à Chechênia, como Israel é cego em relação aos territórios ocupados – de que o poder militar avassalador não é a resposta para o terrorismo? Depois que os frangalhos do Iraque pós-guerra se juntarem aos de Grozny e Ramallah, até na Micronésia será difícil encontrar alguém com coragem para nos seguir.

[...]

Sr. secretário, tenho um enorme respeito por seu caráter e habilidade. O sr. tem mantido mais credibilidade internacional para nós do que nossa política merece, e resgatado algo positivo dos excessos de um governo ideológico e a serviço de si próprio. Mas sua lealdade para com o presidente vai longe demais. Estamos solapando além do limite um sistema internacional que construímos com empenho, uma rede de leis, tratados, organizações e valores compartilhados que estabelecem limites sobre nossos inimigos, muito mais efetivamente do que restringem a capacidade dos EUA de defender seus interesses.

Estou renunciando porque tentei conciliar minha consciência com minha capacidade para representar o atual governo dos EUA e fracassei. Tenho confiança em que nosso processo democrático seja, em última análise, autocorretivo, e espero que, de fora, possa contribuir um pouco para a formulação de políticas que melhor sirvam à segurança e à prosperidade do povo americano e do mundo que compartilhamos."[11]

Iniciada a guerra contra o Iraque, em março, novos ataques vindos da cúpula do estado norte-americano alvejavam a liberdade de imprensa. Dessa vez, o secretário de Defesa,

Donald Rumsfeld, em pessoa, "recomendou que as TVs dos EUA não mostrassem as imagens de prisioneiros americanos sendo interrogados por iraquianos e de corpos de soldados em unidade militar". Rumsfeld afirmou que "é ilegal apresentar prisioneiros em situação humilhante".[12] A guerra de informações intensificou-se a um tal grau que ficou técnica e eticamente impossível, a qualquer um que buscasse informações minimamente verificáveis e confiáveis, saber em que ou em quem acreditar. No dia 23 de abril de 2003, jornais do mundo todo veicularam uma denúncia de extrema gravidade. Hans Blix, o chefe dos inspetores de armas da ONU, havia questionado, em entrevista à BBC, a veracidade dos relatórios de inteligência usados pelos Estados Unidos e pela Grã-Bretanha para justificar a invasão do Iraque. "Acho que um dos fatores perturbadores é que as potências tenham apoiado seus argumentos em informações que hoje parecem frágeis", disse Blix. "Chama a atenção que nada tenha sido encontrado."[13] O chefe dos inspetores afirmou que boa parte dos documentos em que Washington e Londres "se basearam para tentar convencer a comunidade internacional de que o conflito era justo não passava de falsificação".[14]

A paz como vítima da imprensa

A extensa lista de atentados contra o direito à informação perpetrados pelo governo americano pode induzir a um erro de análise. Erro, aliás, bastante frequente. Ele consiste em atribuir à vontade dos donos do poder o processo de desinformação que teria preparado as bases de apoio às invasões do Afeganistão e, depois, do Iraque. O raciocínio é bastante simples e, provavelmente por isso, muito tentador: para atingir seus objetivos bélicos, econômicos e políticos, o governo Bush lança mão de

Informação e guerra a serviço do espetáculo 81

recursos de manipulação da mídia, tapeia o público e obtém êxito. Um raciocínio deveras simples, tentador e enganoso: uma armadilha da análise. As coisas parecem seguir um curso premeditado pelos poderosos, mas não seguem, por mais que os fatos (da mídia) insistam em querer dizer que seguem. Os poderosos, ao contrário, é que estão a serviço de uma ordem que os inclui, que os subordina – e que eles, do alto de seus gabinetes, não controlam.

Mesmo assim, o senso comum acredita que a guerra impõe o sacrifício da verdade e que, sacrificando a verdade, uma potência angaria legitimidade para agredir um outro país. O senso comum acredita que a manipulação, palavra muito em voga, é não apenas uma arma de guerra, como é também um recurso indispensável à estratégia de guerra. O senso comum, enfim, acredita que a guerra é uma coisa e que a comunicação em torno dela é outra, ainda que subordinada àquela primeira. Acontece que a guerra, em nosso tempo, é, ela mesma, um ato de comunicação. Isso é o que complica um pouco a visão do senso comum.

Já não vivemos na sociedade que empreendeu a Primeira Guerra Mundial, quando ficou famosa uma frase atribuída ao senador republicano Hiram Warren Johnson (1866-1945): "Quando começa a guerra, a primeira vítima é a verdade".[15] Na sociedade de hoje, essa declaração seria apenas inocente. A verdade, o jornalismo, nada disso é o que costumava ser. A começar da simples constatação de que, nas guerras atuais, a suposta verdade jornalística não é sacrificada *após* o início das batalhas, mas antes. O estrangulamento do jornalismo não é uma consequência, mas uma premissa das guerras. A frase correta, hoje, talvez fosse outra. Talvez fosse a seguinte: "A guerra só pode ter início quando a verdade (jornalística) já foi vitimada".

Insisto, como se nota, nesse adjetivo, "jornalística", para qualificar a verdade de que estamos falando. E por quê? Porque a verdade no jornalismo designa uma modalidade discursiva específica – não se trata da verdade em geral, por assim dizer, mas da verdade possível de ser construída segundo o ferramental metodológico-prático do jornalismo. Três aspectos dessa forma de verdade devem aqui ser lembrados: ela precisa poder ser comprovada por qualquer um do povo; ela não se pretende eterna, mas, ao contrário, tem duração efêmera; e ela tem parte com um nível elementar de racionalidade. Quanto ao primeiro aspecto, a verdade no jornalismo é aquela passível de ser enunciada num relato cujos pressupostos factuais e cujos argumentos podem ser empiricamente verificados por qualquer ser humano de cultura mediana dotado de habilidades e faculdades igualmente medianas. Ela se manifesta sempre como um registro – de um acontecimento, ou de uma fala, ou de um acordo entre falantes – que pode ser inspecionado por qualquer um dos integrantes da comunidade abrangida pelo veículo jornalístico em questão; não é privilégio de eleitos, de iluminados, de encastelados ou de seres dotados de aptidões paranormais. Ao contrário das verdades religiosas e mesmo de algumas verdades científicas, a verdade no jornalismo é por definição acessível a todos, podendo ser testada virtualmente por todos. Quanto ao segundo aspecto, a verdade jornalística é transitória; modifica-se de acordo com a periodicidade dos veículos jornalísticos, é renovada a cada nova edição. Ela não dura, ela prescreve, muda de lugar, tem validade mínima. A sua melhor forma, afinal, é a notícia – que envelhece em questão de minutos. Por fim, o terceiro aspecto diz respeito à razão: a verdade jornalística tem parte com um denominador comum que unifica os membros de uma determinada comunidade ou sociedade sobre uma mesma base de atualização compartilhada de significados. Nessa perspectiva, pode-se dizer que o jornalismo seria o encarregado de promover a adequação da linguagem aos eventos cotidianos e dos eventos cotidianos à linguagem. O jornalismo, enfim, e não por acaso, seria o operador por excelência do senso comum: quando é bom jornalismo, busca ilustrar o senso comum; quando é mau jornalismo, rende-se ao que está posto e sempre rebaixado.

A verdade jornalística é só isso, quase nada, e isso já é muito. É com ela, e praticamente só com ela, que as democracias podem contar quando se trata de estabelecer acordos ou consensos capazes de dar uma unidade aos conflitos entre os muitos discursos que disputam o espaço público. Quando a religião cuida disso, não se tem o Estado laico e, logo, não se tem o Estado democrático.[16] Quando é a tecnologia e a ciência que exercem esse papel, tem-se a tecnocracia.[17] A democracia depende conceitualmente dessa construção dialogada de uma verdade cotidiana, aqui chamada de verdade jornalística. Tudo o que esta pode almejar, na sua melhor forma, na sua mais ambiciosa pretensão, é ser a resultante precária desse conflito permanente que viceja na vida democrática – daí que o discurso jornalístico é conflito, e, se não for conflito, será impostura. Tudo com que a atividade jornalística pode sonhar como seu mais sólido suporte é esse mesmo conflito. Ela não pode se "pendurar" no poder, qualquer poder, que tenha acima de si; apenas encontrará sustentação material no conflito que fervilha abaixo de si. A verdade jornalística, que é mais um projeto iluminista do que uma possibilidade prática, só é concebível à medida que seja gerada na diversidade de fontes, de narradores, de veículos, de públicos e, sobretudo, de instituições (públicas ou privadas) dedicadas ao negócio de informar o cidadão.[18] Como projeto iluminista, projeto gêmeo do projeto democrático, o jornalismo é mais um ideal de oferecer ao público os

84 A imprensa e o dever da liberdade

elementos para o entendimento racional do que o ideal de *ser* o entendimento propriamente dito – pois ele, jornalismo, não busca o acordo, mas a diferença passível de ser entendida por todos como diferença, o que parece igual, mas é bem diferente. É um ideal que se renova como ideal e que unifica por ser um ideal comum: o ideal de que a verdade, esta, a jornalística, precária e transitória, está logo ali e pode ser tocada pelos nossos instrumentos de aferição do cotidiano.

* * *

Voltemos agora à frase de Hiram Johnson. Era a essa verdade, que aqui chamo de jornalística, que ele se referia. Era essa a verdade que as guerras sacrificariam, no entender daqueles que viram ou viveram a Primeira Guerra Mundial. Pois essa verdade não existe mais, nem mesmo como ideal. Hoje, ela é apenas um embuste, uma fachada que esconde a falência da diversidade e do conflito democrático entre as ideias, entre os discursos, os públicos, os veículos. Hoje, regimes oligopolistas ou monopolistas, declarados ou não, dominam a mídia. O próprio jornalismo perdeu sua autonomia. O negócio do entretenimento engoliu o negócio da informação noticiosa tanto no plano da estrutura de capital como no plano da representação, da linguagem e do repertório.

Atualmente, falar na existência de um veículo jornalístico de grande vulto que seja independente em termos empresariais é falar de um cenário que também vem se derretendo. O jornalismo se vê ameaçado de perder sua independência em duas frentes: a primeira é o Estado – vide a maneira como o Pentágono e o Departamento de Estado nos Estados Unidos conseguiram constranger, quando não orientar expressamente, as principais redes de TV, privadas, no país; ao mesmo tempo,

Informação e guerra a serviço do espetáculo   85

ele vem deixando de ser independente frente ao negócio do entretenimento. Revistas informativas, jornais diários, emissoras de rádio e TV, sites jornalísticos na internet são cada vez menos veículos autônomos e cada vez mais "departamentos" dentro dos grandes conglomerados da indústria do entretenimento. Dificilmente têm condições de prosperar sem incorrer em graves conflitos de interesses.

Nesse mundo, a verdade – aparentemente jornalística – é processada não mais no trabalho nervoso de redações comprometidas com o interesse público, mas na indústria global do entretenimento. A verdade jornalística, nos tempos atuais, tem bem pouco da velha ideia de verdade e tem muito menos de jornalismo independente. Ela se reduziu a um componente do espetáculo e está aí na cena pública a disputar a atenção das plateias com rivais nada comedidos, como a pornografia, a indústria do lazer ou os desenhos animados, rivais que, muito frequentemente, são seus sócios.

A frase célebre do senador republicano do início do século XX fazia sentido numa sociedade em que o negócio do jornalismo era um negócio independente, uma instituição autônoma. Hoje, reverbera como um resquício de resignação demagógica. A verdade não é a primeira vítima da guerra. A guerra, aberta ou surda, é que é um expediente indispensável para a manutenção, acumulação e expansão do império militar e político – ou, em outras palavras, para a manutenção, acumulação e expansão do capital revivido como espetáculo –, cujo sentido mais profundo é o de ter transformado a confecção da verdade numa categoria do espetáculo, que é o negócio dominante. A verdade de que Johnson falava deixou de ser jornalística para se tornar espetacular. A velha, a jornalística, precisa morrer para que a guerra aconteça. A verdade espetacular, esta não: esta ganha cores, emoções, ganha o estatuto de mito quando é, como tem sido, impulsionada pela guerra e pelo desejo de guerra. É essa que veio obturar o vazio aberto no dia 11 de setembro de 2001, não por vontade de governantes, mas por forças ainda mais poderosas. Assim como o modo de produção capitalista não é produto de uma decisão de George W. Bush, nem de seu antecessor, a ordem do espetáculo está acima do alcance de sua vontade. É disso que se trata. A guerra é uma necessidade do espetáculo. O 11 de setembro é um episódio marcante, pois terá sido traumático na instância do olhar. Quanto às guerras do Afeganistão e do Iraque, estas são apenas detalhes. Dois detalhes.

A despeito do risco de ser por demais repetitivo, é o caso de reafirmar: elas não ocorrem porque a verdade jornalística foi vitimada, mas para reconfeccionar a verdade para o olhar. Os motivos da guerra não são geopolíticos – embora estes existam, não se pode e nem se quer negá-los –, não são da ordem da indústria do petróleo – que também contribui, todos sabem –, mas são motivos da ordem do espetáculo. As guerras existem para pôr, no plano do olhar, novos processos de significação em marcha. Elas existem para dar consequência ao movimento de reerguimento do herói ferido, que iniciou imediatamente após o 11 de setembro. A guerra aconteceu e acontece para gerar as imagens necessárias à recomposição das verdades imaginárias. Confeccionadas na instância do olhar.

Há, apenas para que isso não fique sem ser dito, um caminho possível para que o jornalismo mantenha viva a sua vocação: o de converter-se em discurso crítico do espetáculo. Todos sabem que ao jornalismo cabe apresentar a versão crítica da realidade. Hoje, cumpre saber que a versão crítica da realidade – construção imaginária – passa por arriscar visões críticas do espetáculo. Este, mais que o poder do Estado, é o maior inimigo da vocação jornalística.

A verdade, que se estabelece no olhar, é aquela industrialmente produzida pela mídia – aí entendida em seu conceito amplo, abrangendo manifestações do entretenimento, de veículos noticiosos, da publicidade etc. Não por acaso, Octavio Ianni, num ensaio brilhante, localiza aí, nessa mídia em sentido amplo, o núcleo em que o poder é cultivado e exercido. A função que, em Maquiavel, era exercida pelo príncipe e que, em Gramsci, era exercida pelo partido, agora, segundo Ianni, está a cargo da mídia.[19] Nessa mídia, nesse "príncipe eletrônico", os procedimentos jornalísticos já não obedecem às diretrizes liberais de independência e ao compromisso com a verdade factual que estão no nascimento da atividade jornalística, que definem seus ideais iluministas. Nessa mídia, o desejo, o capital e o poder articulam-se na trança que se alça no olhar. Aí, dentro dessa mídia, a verdade jornalística é apenas uma farsa. Vale apenas a verdade do olhar. Impulsionada, como dizia Régis Debray, pela ontologia fantasmática do desejo inconsciente.

* * *

A imagem, antes um catalisador dos negócios do capital, tornou-se o seu principal e maior negócio – e isso no plano material, infraestrutural, se quiserem pôr as coisas nesses termos. O terror agora rasga o olhar como antes feria o poder – e no olhar se move a vingança. O espetáculo produz a destruição e as cenas de brutalidade viajam como a mercadoria – e *são* mercadoria porque são imagem. O circo da guerra é puro gozo. A civilização da imagem é a barbárie.

Notas

1. Régis Debray, Vida e morte da imagem, Petrópolis, Vozes, 1993, p. 358.
2. Por muito menos que isso, a elevação do olhar como critério da verdade é duramente criticada pelo menos desde Platão. Ao crer no que vê, segundo Platão, o homem estaria vivendo sob ilusões e estaria limitando ao conhecimento ao contato com a realidade sensível. Essa crítica platônica, por assim dizer, persiste até hoje. É expressivo o depoimento do escritor José Saramago no documentário *Janela da alma* (Brasil, 2001), de João Jardim e Walter Carvalho. Ele diz que, passados 2,4 mil anos desde que Platão sintetizou o mito da Caverna, a humanidade inteira vive dentro da Caverna de Platão, tomando por verdades as imagens que vê projetadas na parede. Somamos, aqui, a essa crítica platônica, uma outra crítica: a de que, ao crer no que vê, o sujeito crê não no que de fato existe para ser visto, nem mesmo numa representação ou num resíduo objetivo que porventura indique uma verdade externa ao sujeito, mas crê naquilo que o desejo ordena e dispõe para que seja visto e para ser ocultado, sem que a consciência se dê conta. É mais este – e menos aquele outro, platônico – o problema ontológico da civilização da imagem.
3. Na chamada teoria psicanalítica, o "fantasma" pode ser entendido como a mediação que recobre a falha no sujeito. A falha, aqui, indica a falta que lhe é essencial. O sujeito ("sujeito dividido" na teoria psicanalítica) projeta-se na unidade imaginária formada pelo acoplamento do sujeito que fala com o seu significado imaginário (ou com o seu objeto, chamado na teoria psicanalítica de "objeto a"). O objeto do desejo não é coisinha banal qualquer, uma marca de cigarro ou um ser supostamente amado, embora se possa manifestar por meio disso também, mas é, sobretudo na perspectiva aqui adotada, aquele objeto (sígnico) que completa imaginariamente o sujeito, porque volta a esconder a trama simbólica, em que a falta se inscreve. Por aí, pelo fantasma, sujeito dividido, barrado, que tem diante de si o horizonte do seu desaparecimento iminente, reaparece "mais-além do seu desaparecimento". Ver Pierre Kaufmann, (ed.), Dicionário enciclopédico de psicanálise: o legado de Freud e Lacan, Rio de Janeiro, Jorge Zahar, 1996, p. 196.
4. Guy Debord, A sociedade do espetáculo, Rio de Janeiro, Contraponto, 1997, p. 25 (grifo do autor).
5. Idem, p. 34.
6. Idem, p. 30 (grifo do autor).
7. Idem, p. 34.
8. "Cineastas ajudam Exército dos EUA a imaginar atos terroristas", reportagem publicada no serviço Reuters Focus Portuguese, de Steve Gorman, no dia 10 de outubro de 2001.
9. A notícia repercutiu no dia seguinte em jornais brasileiros, como a Folha de S.Paulo, em reportagem de Márcio Aith, "EUA estudam divulgar informações falsas", dizia o título da reportagem.
10. Folha de S.Paulo, Mundo, página A13, 17 dez. 2002.
11. O Estado de S. Paulo, 6 mar. 2003.
12. Folha de S.Paulo, 24 mar. 2003, p. A1.
13. "Blix: relatório contra o Iraque era falso", em O Globo, primeira página e página 23, 23 abr. 2003.
14. "Farsas da guerra", Editorial, em Folha de S.Paulo, 23 abr. 2003, p. A 2.
15. Consta que não existe nenhum registro da frase do senador Johnson, que inspirou um livro histórico sobre a cobertura de guerras, A primeira vítima, do jornalista inglês Phillip Knightley, de 1975. A autoria da frase, contudo, não é tão importante. Trata-se de uma ideia bastante comum. Em 1928, Arthur Ponsonby, escreveu, em Falsehood in Wartime: "Quando a guerra é declarada, a verdade é a primeira vítima." Muito antes disso, na revista The Idler

Informação e guerra a serviço do espetáculo   89

(edição de 11 de novembro de 1758), Samuel Johnson escreveu: "Entre as calamidades da guerra, pode-se citar o declínio do amor à verdade."

[16] Que não passe sem registro: tanto da parte dos talibãs, do Afeganistão, quanto de Saddam Hussein, do Iraque, o discurso religioso assume o comando do discurso de Estado e que, do mesmo modo, o fundamentalismo religioso ganhou uma enorme projeção dos Estados Unidos a partir do discurso assumido por George Bush; essas duas guerras assumiram, em larga medida, os contornos de guerras religiosas, ou santas, e jamais foram guerras de defesa de princípios democráticos.

[17] O predomínio da tecnologia como discurso, quer dizer, o fato de que a tecnologia constitui o discurso dominante, representa uma permanente ameaça à democracia.

[18] Não há de ser coincidência se houver semelhança entre esse projeto utópico, gerado pelas melhores esperanças emancipatórias do Iluminismo, e a formulação da teoria da ação comunicativa de Habermas, cujos aspectos dialógicos – pretendidos ou constatados – são bastante conhecidos. Mas não é disso que trato no presente capítulo.

[19] Octavio Ianni, O príncipe eletrônico, Campinas, Unicamp, 1998, Primeira Versão.

Jornalistas e assessores de imprensa: profissões diferentes, códigos de ética diferentes

O Código de Ética do jornalismo no Brasil repousa sobre um conflito de interesses. Temos praticado o exercício de conciliar duas funções legítimas, dignas, justas e éticas, necessárias à informação da sociedade brasileira, mas que não constituem o mesmo ofício. Jornalismo e assessoria de imprensa são duas profissões diferentes e não podem ser regidas por um mesmo Código de Ética.

Em 2008, a Federação Nacional dos Jornalistas reeditou o seu Código de Ética, com pequenas alterações, que não tocaram nesse grande conflito de interesses. Manteve-o intacto. O debate se tornou ainda mais necessário. Vejamos alguns pontos que ilustram muito bem o que é esse conflito de interesses a que me refiro. No artigo 7º do Código de Ética dos Jornalistas Brasileiros, adotado pela Fenaj (Federação Nacional dos Jornalistas), publicado em 2008, estabelece, em seu inciso VI:

O jornalista não pode realizar cobertura para o meio de comunicação em que trabalha sobre organizações públicas, privadas ou não governamentais, da qual seja assessor, empregado, prestador de serviço ou proprietário, nem utilizar o referido veículo para defender os interesses dessas instituições ou de autoridades a elas relacionadas.[1]

Aparentemente, o que aí está escrito é o que o jornalista não pode fazer. O que mais impressiona, porém, é o que esse artigo deixa subentendido como uma prática permitida ao jornalista: ele pode ser, ao mesmo tempo, repórter num jornal e assessor de imprensa num órgão de governo ou numa ONG. Não há um veto para isso no Código de Ética. Quer dizer: o jornalista pode acumular as duas funções; só o que ele não pode é exercer cobertura jornalística, para o jornal em que trabalha, sobre a instituição em que também trabalha. Ocorre que a simples autorização tácita para esse acúmulo de atividades já é, em si mesma, antiética. E o nosso Código não apenas o permite, ele consagra esse acúmulo de funções nitidamente conflitantes.

Conflito ululante

Quando assumi a presidência da Radiobrás, em 2003, interrompi as colunas que assinava na *Folha de S.Paulo*, no *Jornal do Brasil* e em algumas outras publicações. Os conflitos entre a função pública que eu passaria a exercer e a condição de colunista inviabilizariam a credibilidade tanto da minha função pública quanto da minha função de colunista em jornais independentes. Não posso ser, ao mesmo tempo, crítico de mídia e presidente de uma estatal que tem três emissoras de TV, cinco emissoras de rádio e duas agências de notícia na internet. O que pensaria o leitor? Será que ele confiaria na independência do meu ponto de vista?

O leitor teria, no mínimo, uma ponta de desconfiança. Mas, para o nosso Código de Ética, tudo estaria bem. Para ele, o jornalista pode ser repórter do *Estado de S. Paulo*, da *Folha de S.Paulo* e da Rede Globo e ao mesmo tempo ser assessor de imprensa do Ministério da Cultura ou do Ministério da Fazenda. Só o que ele não pode é fazer matéria sobre esses ministérios. Francamente, é um descalabro.

E se o jornalista for repórter de uma emissora de rádio e ao mesmo tempo assessor de imprensa dos Democratas (DEM)? Poderá ele fazer uma reportagem sobre o Partido dos Trabalhadores (PT)? O nosso código diz que sim. Ele só não pode fazer uma reportagem sobre o DEM. Ora, se ele, sendo assessor do DEM, assalariado do DEM, realizar uma reportagem denunciando o PT por alguma razão, não haverá nisso um ululante conflito de interesses? Para o Código de Ética da Fenaj, não há problema algum. Mas é claro que, para qualquer cidadão de bom senso, há nisso um problema brutal.

Clientes distintos

Há outros problemas constrangedores. Cito apenas mais um. Segundo o novo Código de Ética dos Jornalistas Brasileiros, em seu artigo 4º, "o compromisso fundamental do jornalista é com a verdade no relato dos fatos, deve pautar seu trabalho na precisa apuração dos acontecimentos e sua correta divulgação".

Em se tratando de uma equipe de repórteres e editores de uma revista ou de uma emissora de rádio ou de qualquer instituição jornalística, cumprir à risca esse artigo é um dever óbvio, não há o que se discutir. Mas aí vem a pergunta: isso vale para um assessor de imprensa? Será que um assessor de imprensa da Coca-Cola deve ouvir a Pepsi-Cola antes de divulgar um *release*? E um assessor da Igreja Universal do Reino de Deus, terá de ouvir sempre a Assembleia de Deus quando preparar notas sobre o fenômeno evangélico no Brasil? Se alguém disser que esse artigo vale para os que trabalham em redações, mas vale "mais ou menos" para quem é assessor de imprensa, pois é isso o que se diz informalmente entre os profissionais, eu pergunto: como uma categoria pode pretender ter um código de ética cujos artigos valem para alguns de seus integrantes e não valem para outros?

É por essas e outras que o Código de Ética da Fenaj fica muito a dever a outros códigos que já existem por aí, em empresas jornalísticas brasileiras. Os bons veículos de informação, por pressão da sociedade, por clareza e por exigências naturais do ofício do jornalismo, já recusam, nos seus quadros, a existência desse tipo de duplo emprego. Quanto a nós, na Fenaj, não podemos nos contentar com um código que esteja atrás daquilo que já é a prática nos melhores veículos de comunicação.

A profissão de jornalista tem como cliente o cidadão, o leitor, o telespectador. Nesse sentido, o jornalista se obriga – em virtude da qualidade do trabalho que vai oferecer – a ouvir, por exemplo, lados distintos que tenham participação numa mesma história. Ouvir todos os envolvidos, buscar a verdade, fazer as perguntas mais incômodas para as suas fontes em nome da busca da verdade é um dever de todo jornalista.

O assessor de imprensa, cuja atividade, eu repito, é digna, necessária, ética e legítima, tem como cliente não o cidadão, não o leitor, mas aquele que o emprega ou aquele que contrata os seus serviços. O que o assessor procura, com toda a legitimidade, é veicular a mensagem que interessa àquele que é o seu cliente, àquele que o contrata, e não há nada de errado com isso. É um ofício igualmente digno, mas não é jornalismo. A distinção entre os dois clientes estabelece uma distinção que corta de cima a baixo os dois fazeres.

O objetivo do assessor de imprensa é cultivar e difundir a boa imagem daquele que o contrata. Para isso, ele não mentirá – é evidente que não, compromisso com a verdade também faz parte da ética do assessor de imprensa, ele não tapeará a opinião pública, não cometerá nenhuma indignidade –, mas dará mais realce ao que interessa ao seu cliente. Muitos alegam que o jornalista também trabalha para um patrão, o que é verdade. Só que o patrão não é o seu cliente. Tanto para o patrão do jornalista como para o jornalista empregado, é fundamental que o cliente de ambos – o leitor, o telespectador, o ouvinte, o internauta – acredite que eles buscam a verdade. Por isso, o compromisso deles é com seu cliente direto, o cidadão que consome a informação jornalística. Jornalistas e assessores trabalham para clientes distintos, para atender a necessidades distintas. Por isso, devem ser regidos por normas distintas.

Interesses corporativos

Para que isso fique mais claro, há um paralelo possível que se pode traçar entre o mundo da comunicação social e o mundo jurídico. Juízes, advogados e promotores públicos são todos operadores do Direito, egressos das faculdades de Direto. Todos lidam com as leis, com a justiça, fazem funcionar o sistema jurídico. Não obstante, sabem que exercem funções distintas e, por isso, pertencem a ordens profissionais distintas, filiam-se a códigos de ética específicos. Não porque advogados pretendam promover a injustiça em oposição a juízes que pretendem fazer valer a lei, mas porque seus ofícios concentram particularidades inconciliáveis e, sem demérito para promotores, advogados e juízes, essas três categorias são diferentes. É assim que, ao se tornar juiz de Direito, um advogado deve se desfiliar da Ordem dos Advogados do Brasil, devolvendo sua carteira à entidade.

Separar os ofícios de assessoria de imprensa e de jornalismo será um grande benefício para a profissão de jornalista, que terá direito a um Código de Ética sem ambiguidades – como as que vemos no artigo 10º e no artigo 7º. Será um benefício para os assessores de imprensa, que poderão aprofundar, num código específico, as particularidades do seu fazer. Mas, acima de tudo, será um grande benefício para o cidadão que tem direito à informação de qualidade.

Nós, jornalistas filiados à Fenaj, somos, involuntariamente, autores de uma grande impostura que está sendo transmitida à sociedade brasileira: a de que jornalista e assessor de imprensa são a mesma profissão. Isso desinforma e deseduca a sociedade – que passa a ter dificuldade para distinguir uma coisa da outra. Em todos os países em que busquei paralelos com o quadro brasileiro, não encontrei nada semelhante ao que temos aqui. Em muitos lugares, aliás, como Portugal, quando o profissional assume um posto de assessoria de imprensa, o jornalista entrega sua carteira para a ordem ou ao sindicato dos jornalistas, se licencia e vai exercer uma outra profissão.

Precisamos enfrentar esse debate. Isso representa uma enorme dificuldade para os sindicatos, que têm o seu financiamento vindo de assessores e de jornalistas, indistintamente. Compreendo: se não bem operada, essa transição poderá representar um baque relevante no financiamento dos nossos sindicatos. Mas isso não pode ser um motivo que nos impeça de olhar de frente o problema, porque a distinção não pode ser dada por interesses corporativos, ou pior, a distinção não pode ser obstruída por interesses corporativos – por mais vitais que sejam as fórmulas de financiamento dessas entidades.

As nossas profissões – que são duas, não uma só – dependem disso para o seu aprimoramento.

Nota

[1] É bom registrar que, na versão anterior do mesmo código, o artigo 10º normatizava a mesma matéria nas seguintes palavras: "O jornalista não pode exercer cobertura jornalística pelo órgão em que trabalha, em instituições públicas e privadas, onde seja funcionário, assessor ou empregado".

Verdade e independência numa empresa pública de comunicação

A tradição é perversa: instituições públicas que operam a comunicação social, sejam elas empresas estatais, fundações ou departamentos ligados diretamente ao governo, vêm atuando como pequenas máquinas de propaganda a serviço das autoridades do Poder Executivo. Criadas ao longo do século xx, principalmente a partir dos anos 1950, essas instituições pouco ou nada tiveram de compromisso com o direito à informação do cidadão. Em lugar de informar, dedicam-se a tentar formar a opinião pública segundo os moldes que interessam ao governo da temporada.

Claro que existem exceções. O quadro geral, no entanto, tomado aqui como quadro geral e não como generalização, é desalentador: as instituições públicas que se dedicam à comunicação social acabam se reduzindo, no todo ou em parte, à condição de máquina acessória da propaganda do governo.

Como pano de fundo, subsiste a tudo isso uma cultura política que não pode deixar de ser pelo menos mencionada aqui. Mesmo entre os jornalistas, aceita-se essa brutal distorção da comunicação gerada por instituições públicas como se ela fosse um dado da natureza. É quase com resignação que se comenta, em rodas de jornalistas: "Ah, eles estão aí para passar a versão do governo". É como se dissessem: "Isso é assim mesmo, não há como ser diferente". A visão da comunicação como um recurso que se aparelha, que se toma para alcançar objetivos partidários os mais variados, a ideia da comunicação como escada, infelizmente, é um senso comum da cultura política do nosso país. A mesma distorção pode ser verificada no direcionamento partidarizado dado ao conteúdo editorial de grandes grupos privados, numa prática que mina, por baixo, toda tentativa de construção de um ambiente democrático. Entre nós, a comunicação na área pública infelizmente ainda não é pensada como um processo autônomo, horizontal, por meio do qual os cidadãos do público, em público, informam-se, comunicam-se, formam livremente suas vontades e suas opiniões.

Há uma simbiose entre as visões que tanto os conservadores de direita como os conservadores de esquerda nutrem da comunicação. Para os primeiros, cuja concepção foi fortalecida pelos regimes de força que se abateram sobre o Brasil, a comunicação deve ser operada como instrumento para que se garanta a ordem social, a disciplina, a obediência – basta ver o uso que as ditaduras do nosso continente fizeram da televisão e do rádio. Para os segundos, os meios de comunicação encontram-se a serviço da classe dominante – visão que em si mesma é problemática (há contradições que escapam às intencionalidades das classes que esses ideólogos do doutrinarismo simplesmente não enxergam) – e, já que não há neutralidade no exercício da comunicação, também não poderá jamais haver democracia

Verdade e independência numa empresa pública de comunicação   101

dentro dos meios de comunicação; o que de melhor se pode pretender é que a comunicação esteja a serviço de causas justas, humanitárias, pretensamente emancipadoras.

Nenhum dos dois polos conservadores vê a comunicação como um processo capaz de imaginar e fomentar novas visões, originais, fecundas; ela não passa, ao contrário, de uma ferramenta para disseminar visões já prontas. Para ambos, a comunicação não seria um campo em que possam existir o pensamento e a crítica, mas um engenho para massificar bordões fechados, palavras de ordem industrializadas, ideias feitas. Uns e outros comungam da mesma concepção instrumental da comunicação. Aqui, precisamente aqui, reside um mal congênito que nos tem prejudicado bastante quando se trata de fortalecer a democracia, o que vale para o Brasil e para praticamente toda a América Latina. As instituições públicas destinadas à comunicação têm se prestado a todo tipo de "serviço sujo" – e nunca ao atendimento do direito fundamental que todos deveriam ter à informação.

Uma experiência brasileira

Durante o período em que fui presidente da Radiobrás, entre 2003 e 2007, a empresa pública de comunicação do governo federal do Brasil procurou trilhar um caminho diferente.[1] Em 2008, ela seria fundida à TVE do Rio de Janeiro (Fundação Roquete Pinto), dando origem à Empresa Brasil de Comunicação. Durante a minha gestão, o que foi realizado nesse período não tinha a pretensão de uma refundação, nada disso, mas essa gestão deixou bases para uma mentalidade menos servil ao governo e mais comprometida com a sociedade.

Criada em 1975, durante a Ditadura Militar, com o objetivo de assegurar, pela radiodifusão, a presença da ideologia da

Doutrina de Segurança Nacional no imaginário brasileiro, ela sobreviveu por mais de trinta anos como uma empresa multimídia capaz de prestar serviços úteis à cidadania. No entanto, para que esses serviços fossem de fato comprometidos com a cidadania, seria necessária uma gestão comprometida com esses mesmos valores. A Radiobrás controlava, até 2007, três emissoras de televisão, seis emissoras de rádio e duas agências de notícias.

As três emissoras de televisão tinham características distintas. A primeira delas, a TV Nacional, era uma emissora aberta, que transmitia para toda a região do distrito federal. Até o ano de 2002, transmitia atos do Poder Executivo. Na gestão que se iniciou em janeiro de 2003, ela foi transformada: passou a integrar a Associação das Emissoras Públicas, Educativas e Culturais, a Abepec, que é a rede pública brasileira, ao lado de outras 19 emissoras situadas em 18 estados e no Distrito Federal, com uma programação eminentemente pública e educativa, e não mais faz divulgação do governo federal. Uma segunda emissora, a NBr-TV do governo federal, transmitia informações institucionais sobre o Poder Executivo Federal. Ela antes alcançava 1,5 milhão de lares por meio de operadoras de cabo, num serviço de televisão paga. Passou a atingir cerca de 14 milhões de lares no país, distribuída também por satélite, de acesso aberto e gratuito a todos os que dispunham de antena parabólica. As duas emissoras, que antes transmitiam 18 horas por dia, passaram a operar ao longo de 24 horas, sem interrupção.

Uma terceira emissora, a TV Brasil-Canal Integración foi lançada já no final da minha gestão. Criada por meio de um acordo entre os três poderes da República, inédito em nosso país, ela era gerida por um comitê gestor instalado dentro da Radiobrás, com representantes do Senado Federal, da Câmara dos Deputados, do Supremo Tribunal Federal, do Ministério das Relações Exteriores, da Secretaria Geral da Presidência da República e da própria Radiobrás. Com 35 parceiros em todo o continente sul-americano, cujos conteúdos passaram a ser utilizados pela emissora, a TV Brasil-Canal Integración, já em 2007, mantinha no ar uma programação de 24 horas diárias, em português e espanhol. Sem finalidade comercial e sem abraçar uma linha partidária ou ideológica, seu objetivo era apenas refletir a diversidade da produção audiovisual sul-americana, com a missão de estimular o processo de integração entre os povos do continente no plano da cultura e da comunicação. As transmissões da TV Brasil se iniciaram, em caráter definitivo, em outubro de 2005. Só em 2007 o sinal começou a ser baixado para ser distribuído para os lares dos países da América do Sul e da América Central. Ainda em 2006, já eram 115 as operadoras de cabo que distribuíam o sinal para telespectadores de diversos países.

Quanto às emissoras de rádio, elas eram quatro até 2002. Uma quinta foi aberta em Brasília, numa prestação de serviços para o Poder Judiciário, e uma sexta passou a transmitir experimentalmente da cidade de Tabatinga, no estado do Amazonas, com participação da comunidade em sua administração. Também vieram as parcerias com universidades, como a UFMG, inaugurando rádios públicas sob controle das comunidades acadêmicas. Em várias horas do dia, as emissoras da Radiobrás operavam em rede com muitas outras, públicas e privadas, atingindo, por vezes, redes voluntárias de mais de mil emissoras.

Por fim, as agências de notícias eram a Agência Brasil, que publicava cerca de 110 notícias diárias, com textos em português, inglês e espanhol, e mais 100 fotos, e a Radioagência Nacional, que distribuía conteúdos jornalísticos em arquivos sonoros para emissoras de rádio.

E qual foi a experiência inovadora da Radiobrás? Ela pode ser assim resumida: a empresa foi direcionada para realizar uma comunicação a serviço da cidadania, não mais para a promoção da boa imagem de governantes. Esse vício original, o de fazer a promoção de autoridades, originado nos tempos da Ditadura Militar, muitas vezes resultava em notícias distorcidas e na sonegação de informações. Com seu novo modelo de comunicação, a empresa foi se tornando apartidária.

Essa reorientação não implicou rupturas de natureza jurídica ou estatutária. Observamos, ao contrário, que as práticas anteriores, de dar às instalações da empresa um uso de propaganda ou promoção do governo, estas sim é que constituíam um desvio. Em alguns momentos, constituíram uma verdadeira usurpação. Embora tenha sido criada na ditadura, com propósitos de veiculação de valores cívicos e de propaganda ideológica, constatamos, em 2003, que nada existe na legislação que obrigasse a Radiobrás a desempenhar tal atividade. Em lugar disso, a legislação brasileira já incumbia outros organismos, da administração direta, dessas funções. Assim, verificamos na legislação que as funções de propaganda, relações públicas, assessoria de imprensa e publicidade de governo já pertenciam a outros organismos, como a SID (Secretaria de Imprensa e Divulgação da Presidência da República, que depois incorporou também a função de portavoz) e a própria Subsecretaria de Comunicação Institucional, da Secretaria Geral da Presidência da República – que depois iriam se convergir na Secretaria da Comunicação Social, a partir de 2007. Portanto, como uma empresa detentora de emissoras de rádio e de televisão, a Radiobrás estava sujeita às finalidades constitucionais da radiodifusão como uma função social, um serviço público, que deve observar uma ética própria presidida pelo atendimento ao direito à informação. Se em períodos anteriores distanciou-se desses parâmetros, ela o fez em desobediência aos melhores princípios do jornalismo, da comunicação social e, sobretudo, ao arrepio da própria lei que a instituiu e ao arrepio do seu próprio estatuto.

Ademais, qualquer que seja a natureza jurídica do órgão público dedicado à comunicação social, ele não pode alegar que está desobrigado do dever da verdade. No caso particular da Radiobrás, incumbida que estava de fazer jornalismo, de levar informação ao público, e que não tinha atribuições legais de nenhuma tarefa própria de propaganda, de publicidade ou de assessoria de imprensa, o dever da verdade jornalística, factual, era inequívoco. Nesse sentido, o jornalismo praticado pela Radiobrás deveria ser objetivo, avesso a toda forma de adjetivação e qualificação. Para promover a mudança de cultura, adaptando-a aos seus deveres democráticos e legais, a direção da empresa adotou e pôs em prática um profundo programa de desenvolvimento e de qualidade editorial que se estendeu por três anos. Isso, apenas isso, alterou de modo bastante perceptível o tratamento dado às informações dentro da empresa e para o público.

Princípios que devem orientar o jornalismo de uma instituição pública

Logo no início de 2003, envolvemos toda as áreas num processo de planejamento que resultou na missão e nos valores da empresa. A missão era bem sintética:

> Somos uma empresa pública de comunicação. Buscamos e veiculamos com objetividade informações sobre Estado, governo e vida nacional. Trabalhamos para universalizar o acesso à informação, direito fundamental para o exercício da cidadania.

Os valores da Radiobrás ganharam a seguinte redação:

Os valores da Radiobrás, que expressam e sustentam a dimensão ética de nossas ações, têm como base o respeito:
- respeito ao caráter público de nossa atividade, ao buscar a excelência e ao exercer a transparência, interna e externa;
- respeito à cidadania, ao assumir um compromisso permanente com a universalização do direito à informação, com a verdade e com a qualidade da informação, por meio de canal direto com o público;
- respeito às diferenças, por meio do diálogo;
- respeito às pessoas, ao promover a felicidade no trabalho, a criatividade e a inovação. Tendo o respeito como base, a nossa ética se concretiza na renovação cotidiana da credibilidade da Radiobrás junto à sociedade brasileira e aos funcionários da empresa.

Não era mais função da Radiobrás, portanto, tutelar ou direcionar a formação da opinião pública, mas dar as informações necessárias para que os cidadãos formassem livremente a própria opinião.

Essa orientação encabeçava toda ação editorial que tivesse lugar na empresa. A ideia do direito à informação passou a ser cultivada dentro da Radiobrás como um valor fundamental. Para o desenvolvimento de equipes jornalísticas, essa ideia bastante simples – do direito à informação – envolve, além de certa mística, uma lógica profunda. A informação é um direito, assim como a educação é um direito, assim como a saúde é um direito. É um direito tão importante quanto os demais, um direito de todos, independentemente das inclinações ideológicas de cada um. Ninguém conceberia que os professores de uma escola pública se dedicassem a doutrinar em lugar de educar corretamente os alunos. Ninguém aceitaria um hospital que admitisse os pacientes segundo critérios partidários. Pois o mesmo se pode dizer da informação: ela é um direito e deve ser oferecida igualmente a todos, de modo claro, impessoal, preciso, sem direcionamentos, sem interesses ocultos.

A Radiobrás, em 2005, adotou um documento chamado "O jornalismo na Radiobrás" como o fundamento de sua prática editorial. Esse documento ainda está disponível a qualquer usuário da internet da Radiobrás.[2] Nele, o cidadão pode ler:

> Os nossos jornalistas, comunicadores e todos aqueles que atuam no processamento da informação que oferecemos para o público têm o dever de evitar o partidarismo, a pregação religiosa, o tom promocional e qualquer finalidade propagandística. A nossa informação deve refletir a verdade dos fatos. Nós noticiamos fatos novos que façam diferença na vida do cidadão. Não produzimos comentários opinativos, textos autorais nem análises ou interpretações. Não é nosso papel. Noticiamos e explicamos os acontecimentos. Se não tivermos consciência do nosso papel, corremos o risco de cair no proselitismo, intencional ou involuntário (que costuma ser pior), e esse vício nós devemos evitar com determinação.
>
> Por isso, a busca da objetividade é benéfica para nós e para os usuários dos nossos serviços. A busca da objetividade nos ajuda a evitar o proselitismo. Essa palavra, objetividade, merece algumas considerações em destaque. Ela tem servido, às vezes, de biombo para projetos que empobrecem o discurso jornalístico, esvaziando sua carga humana, numa assepsia de suas emoções. Não é nessa perspectiva que falamos em objetividade. Nós a consideramos uma virtude. Para nós, em particular, ela tem uma aplicação necessária, é uma passagem obrigatória mesmo, pois nos ajuda a dar um passo à frente em relação a vícios do passado desta empresa, marcado pelos subjetivismos que, aí sim, nada mais eram do que

biombos para a mera adulação das autoridades. É nesse sentido que falamos em objetividade. [...]

Objetivo é, rigorosamente, o discurso que decorre do objeto. Um discurso objetivo é determinado pelo fenômeno a ser descrito, quer dizer, é determinado pelo objeto da reportagem. No outro extremo, um discurso subjetivo é determinado antes pelas condições do sujeito que o enuncia. Claro que não existe a objetividade pura ou absoluta, já sabemos; tudo que guarda algum vínculo com a ação humana tem inevitavelmente elementos de subjetividade. Isso, contudo, não invalida a busca da verdade factual. Ao contrário: é exatamente porque temos consciência da subjetividade que compreendemos a necessidade de buscar a objetividade. Para assegurar maior sucesso na busca da objetividade, protegendo-a da subjetividade que serve de desculpa para todo tipo de partidarismo, o trabalho em equipe é indispensável. Para o tipo de relato jornalístico que adotamos aqui, que não se pretende e nem pode ser autoral, o trabalho em equipe faz as vezes de margem de segurança. Há mais subjetividade e, portanto, mais imprecisão, nos relatos trabalhados por uma pessoa só. O trabalho em equipe é uma vacina contra esse tipo de imprecisão. O editor pode e deve questionar o repórter, pedindo mais exatidão. Colegas de redação devem comentar entre si o que lhes parece vago e precisa ser esclarecido. As pautas devem ser discutidas e aprimoradas em grupo. Equipes integradas e solidárias são mais eficientes na busca da objetividade. No tipo de serviço que a Radiobrás oferece ao público, a objetividade é um componente central.

Muitas vezes, porém, há quem alegue que ao próprio governo, mesmo quando este se pretenda um governo democrático e emancipador, não interessaria esse jornalismo pautado pela objetividade e pela busca da verdade dos fatos.

Verdade e independência numa empresa pública de comunicação   109

A essa alegação, o documento "O jornalismo na Radiobrás" apresenta uma resposta:

Qualquer governo voltado para a renovação e para o fortalecimento da democracia é beneficiário de uma comunicação jornalística pautada pela objetividade. Para um governo democrático, é muito bom que uma empresa pública de comunicação ofereça ao público um relato jornalístico objetivo, pois a objetividade gera um aumento da credibilidade da instituição, o que reverte em mais credibilidade do Estado e do próprio governo. No autoritarismo, o governo se apoia na concordância e na obediência do cidadão. Por isso, os regimes autoritários praticam o dirigismo nos serviços de informação. Na democracia, a legitimidade do governo não vem mais da obediência e da concordância, mas da participação crítica e autônoma do cidadão. Aí, o que conta é tratar o cidadão com respeito, entregando a ele a verdade factual, do modo mais objetivo possível. Nada pode ser mais desastroso na comunicação do que um repórter que queira bancar o assessor de imprensa de sua fonte – sem ser, formal e publicamente, contratado como assessor de imprensa. Em tempos de democracia, poucas práticas são mais arriscadas para a imagem de uma autoridade pública do que a ação de um jornalista que, fingindo fazer reportagem, tente fazer propaganda dessa autoridade. Esse repórter levará ao público uma informação de má qualidade. Pior ainda, fará uma propaganda de péssima categoria. Tão ruim que surtirá o efeito de uma antipropaganda. O público percebe essas tentativas primárias de manipulação – e, normalmente, o público se ofende com isso.

A democracia funciona melhor quanto mais transparentes são os seus mecanismos de comunicação. As tentativas de manipulação disfarçada apenas atrapalham. Não é por acaso que, nas democracias mais aperfeiçoadas, a comunicação de natureza pública se divide em dois campos bem distintos: num deles estão as relações públicas de governo e a propaganda de governo; o outro campo é ocupado pela função de prestar informações jornalísticas objetivas ao cidadão. Os dois campos são indispensáveis, legítimos, necessários – e cada vez mais caminham separados, de modo transparente. Quando um governo confunde esses dois campos, expõe-se ao risco de enfraquecer a credibilidade das instituições republicanas. Por isso, os organismos públicos responsáveis pela propaganda e pelas relações públicas – um serviço público legítimo e legal, vale insistir – estão separados dos organismos responsáveis pela informação objetiva – um serviço igualmente legítimo. À Radiobrás, por sua condição legal, cabe explorar serviços de radiodifusão e, portanto, cabe prestar ao público a informação jornalística por definição. A definição de peças de propaganda e de divulgação de governo é atribuição de outros organismos.

No final de 2006, esses e outros documentos foram reunidos num livro, organizado pelo jornalista Celso Nucci: *Manual de jornalismo da Radiobrás*. Celso Nucci foi o responsável pela condução dos programas de desenvolvimento editorial da empresa entre 2003 e 2007. Sob sua liderança, as equipes da Radiobrás passaram por um aperfeiçoamento permanente, com a elaboração de planos editoriais baseados nos valores da empresa e o acompanhamento e a avaliação regular do cumprimento desses planos. Em apoio a isso, criou-se um sistema de leitura e audiência críticas, que geram relatórios apontando erros mais frequentes. Também foram criados cursos ininterruptos de uso da língua portuguesa para fins jornalísticos, além de processos internos de aprimoramento da metodologia de pauta, de apuração e de edição do material jornalístico.

Assim, a Radiobrás, ao longo desses três anos, obteve sinais de reconhecimento pelo trabalho que passou a oferecer à sociedade. Registrou avanços perceptíveis, embora nós não tenhamos levado até o fim a ruptura com a mentalidade anterior. Esse reconhecimento pode ser sentido no crescimento das audiências, na utilização cada vez mais ampla de seus conteúdos e, também, na conquista de alguns prêmios de gestão e de jornalismo. A comunicação de uma empresa jornalística democrática não pode ser orientada para os efeitos que ela vai gerar na opinião pública, ou seja, não pode estar organizada como um fator artificial que influencie a formação das opiniões dos cidadãos para um lado ou para outro lado, tanto faz. Ao contrário, a comunicação democrática é, por definição, desinteressada. Ela existe para atender o direito à informação e seu compromisso se dá apenas com a liberdade dos sujeitos na formação de sua própria vontade – concordem eles ou não com as teses do governo. Nesse sentido, a comunicação democrática é sempre uma forma de aposta na sabedoria dos cidadãos, que serão capazes de imaginar soluções mais criativas do que aquelas que já se encontram prontas; a comunicação democrática acredita na inventividade dos seus receptores, acredita nas melhorias que eles saberão propor, acredita que o futuro pode ser melhor e, sobretudo, mais surpreendente que o presente. A comunicação democrática não é aquela que escreve a história antes de ela acontecer, mas que se aceita parte da história, que se expõe a ser examinada pelos seus interlocutores, pelos seus usuários, e que se sabe apenas parte de um processo maior do que ela mesma.

A cidadania e a democracia no Brasil dependem disso. A tarefa de colocar todas as instituições públicas que se dedicam à comunicação social a serviço dos direitos da cidadania é algo que pode ser alcançado na nossa geração. É preciso clareza de visão e uma ação ordenada para atingir esse objetivo. Ele não é meramente um sonho. É uma meta possível e necessária para dar mais transparência ao Estado e mais participação crítica do cidadão na nossa democracia.

Notas

[1] Essa experiência foi narrada em detalhes em Eugênio Bucci, Em Brasília, 19 horas, Rio de Janeiro, Record, 2008.

[2] Disponível em: <http://www.radiobras.gov.br/estatico/jornalismo.htm>. Acesso em: 14 abr. 2009.

A imprensa
e o dever da liberdade

Primeira parte: na base, a missão
de servir ao cidadão e vigiar o poder

A democracia guarda, nos seus fundamentos, o princípio de que o poder emana do povo e em seu nome é exercido. Disso resulta que, sem o livre fluxo de informações e opiniões, o regime democrático não funciona, a roda não gira. A delegação do poder e o exercício do poder delegado dependem do compartilhamento dos temas de interesse público entre os cidadãos. Quanto mais inclusiva, mais a democracia se empenha em expandir o universo dos que têm acesso à informação e garante transparência na gestão da coisa pública. Quanto mais vigorosa, mais ela faz circular as ideias.

O resto é consequência lógica. Para melhor cumprir seu papel de levar informações ao cidadão, a imprensa precisa fiscalizar o poder – e o verbo fiscalizar carrega, aqui, o sentido de vigiar, de *limitar* o poder. Sem ela, não há como se pensar em limites para o exercício do poder na democracia. Portanto, não é saudável nem útil a imprensa que se contente com o papel de apoiar os que governam. Não é saudável, não é útil, nem mesmo imprensa ela é.

Esses breves postulados, que deveriam ser óbvios e batidos para todos, soam como dissonância na tradição política brasileira e também na tradição sul-americana. Machucadas pelos períodos de arbítrio e dopadas pelos rompantes populistas, as duas tradições, que podem ser vistas como sendo uma só, ainda não assimilaram a noção de que o jornalismo só tem sentido quando posto a serviço do direito à informação – de tal modo que qualquer outro interesse que ele abrace o corrompe. Entre nós, têm prevalecido visões que o reduzem a uma ferramenta de proselitismo para dominar o público, visões que jamais aceitaram as páginas dos jornais, por maiores que sejam as distorções que ali ocorram, como arenas de emancipação. É assim que, na cultura política média do nosso subcontinente, o que tinha de ser o óbvio é o oculto. Ou o ocultado. Eis aqui um bom ponto de partida para um diálogo sobre a responsabilidade social do jornalismo em nossos dias.

O direito à informação e à comunicação vem sendo proclamado como fundamental desde as primeiras declarações de direitos no século XVIII.[1] Em vão, ao menos para as nossas tradições. Por aqui, ainda nos encontramos longe de tratar o direito à informação no nível dos demais direitos, como a educação ou a saúde, o que é trágico: onde esse direito não se faz respeitar integralmente, a liberdade necessária para bem informar a sociedade não pode ser exercida plenamente, como vimos no capítulo "Verdade e independência numa empresa pública de comunicação".

Para que se tenha mais clareza sobre o alcance e as implicações do tema, convém recapitular o sentido da construção histórica da liberdade, uma conquista que não é burguesa nem proletária, que não é liberal nem coletivista, que não é de direita nem de esquerda: é um valor de vocação universal. Ou não é nada.

Para começar, distância do governo – não só do governo, sem dúvida, mas do governo em primeiro lugar

Na medida em que ganhou a forma tal como o conhecemos, entre fins do século XVIII e meados do século XIX, o jornalismo demarcou para si um campo situado fora do Estado, tornando-se independente do governo. A partir daí, exerce sua tarefa primordial: vigiar o poder por meio da investigação e disseminação das notícias e das ideias de interesse público, promovendo o diálogo entre os integrantes do espaço público. A propósito, o espaço público não pode ser entendido a não ser como aquele espaço comum que é posto pela prática da comunicação entre os cidadãos em torno de temas de interesse público. Ele não é um espaço jurídico, institucional ou administrativo, mas um espaço comunicacional.

É verdade que, hoje, mais do que antes, vigiar o poder significa vigiar não apenas o poder político em sentido estrito, aquele instalado no governo e no Parlamento e, em certa medida, moldado na dinâmica dos partidos: significa, também, vigiar o poder econômico em sentido amplo, e especialmente o poder dos meios de comunicação, que se converteram em formas relativamente novas de pressão sobre a sociedade – promovem ou simulam, no espaço público, a legitimação de causas próprias ou de causas a que se associam.

Cabe à imprensa voltar sua atenção fiscalizadora não apenas aos governos e aos partidos políticos, mas também a essas novas formas de poder que se armam no âmbito do mercado, formalmente fora do Estado – às vezes apenas formalmente, já que materialmente elas se infiltram, por fora das vias oficiais, dentro das instâncias decisórias do Estado. Não raro, elas conspiram, veladamente, contra liberdades, direitos individuais e contra a formação livre da vontade dos indivíduos e dos grupos. É crucial vigiá-las.

Não é por outro motivo que os veículos jornalísticos, na busca de aperfeiçoar os parâmetros de sua governança, vêm desenvolvendo métodos que garantem independência de gestão editorial em relação não apenas às intervenções dos anunciantes, mas também às interferências – demandas extrajornalísticas – dos acionistas. O trato altivo e um tanto ressabiado que os jornalistas mais experientes aprenderam a manter com seus patrões, que tinha – e tem – sua razão de ser, ganhou assim novas complexidades.

O mesmo cuidado – e o mesmo afastamento crítico – deve pautar o relacionamento entre jornalistas e as ONGs (Organizações Não Governamentais), que, a exemplo do poder econômico, representam interesses e dispõem de meios para incidir sobre a pauta de interesse social. As igrejas, algumas delas com enorme peso na radiodifusão brasileira, enquadram-se na mesma categoria. Como as empresas de maior porte e diversas ONGs, agem de forma a fazer valer sua agenda própria na definição do debate público e, pela natureza do agenciamento que promovem, tendem a cooptar o discurso jornalístico. Diante de todos, em benefício dos direitos dos cidadãos, o jornalismo depende de manter distância. Só assim cumprirá os pré-requisitos para se pretender apartidário e equilibrado.

Apartidário, equilibrado – e livre. Se quer ser fiel à sua responsabilidade social, o jornalista não deve permitir que agendas, causas ou doutrinas totalizantes de uma parte da sociedade – venham elas de ONGs, de igrejas, de governos, grandes corporações, de partidos, de onde vierem – contaminem seu trabalho. É mais adequado que ele procure desvincular-se material e formalmente desses polos de poder e de influência, sem que isso signifique desmerecer a legitimidade que eles têm.

Mas, atenção, a liberdade de imprensa começa mesmo pela independência em relação ao governo.

Incompreensões da cultura política quanto ao lugar da imprensa

No Brasil e nos demais países da América do Sul, é comum que políticos, intelectuais e mesmo jornalistas proeminentes digam que pode haver imprensa livre e crítica – principalmente contra o poder econômico, proclamam – comandada direta ou indiretamente por funcionários do governo. Acalentam e espalham a ilusão de que agentes governamentais podem dirigir centros jornalísticos de excelência, num disparate demagógico que procura esconder a incompatibilidade de natureza entre as duas funções. Sobre isso, não pode haver tergiversação: o governo, quando se associa à imprensa, tende a sequestrar-lhe a alma. Portanto, o jornalista só deve se aproximar do governo para perguntar aquilo que o cidadão tem direito de saber. De resto, o distanciamento é serventia da casa.

Tanto é assim que, quando sérias, as instituições públicas de comunicação em que se pratica o jornalismo, como as emissoras públicas da Europa, dentre outras, tratam de manter os representantes do governo longe da administração editorial, impedindo que eles opinem em definições das grades de programação, nas decisões de pauta, na escalação de repórteres ou de apresentadores. Algumas emissoras públicas brasileiras tentaram e tentam, não nos esqueçamos, guiar-se da mesma forma, ainda que nem sempre com sucesso.

Outros vão mais longe em matéria de incompreensão do lugar da imprensa. Houve e há aqueles que, baseados no que qualificam de mau comportamento de veículos jornalísticos – geralmente, segundo apontam, mau comportamento contra as autoridades, que posam de vítimas –, sugerem a suposta necessidade de impor limites à liberdade de imprensa. Adeptos do costume de dar, como que de presente, liberdade para os amigos e de exigir, com ares de indignação cívica, responsabilidade dos inimigos asseveram que nenhuma liberdade é absoluta. Ora, é claro que nenhuma liberdade é absoluta, ninguém discordaria disso. Nem mesmo a noção de absoluto é absoluta. O problema é que o corolário dessa argumentação prescreve uma liberdade "relativa" que, além de não ser absoluta, não seria sequer relativa, dado que não seria, tampouco, liberdade.

A má conduta de jornalistas ou de órgãos noticiosos jamais deveria dar ensejo ao questionamento da liberdade; o que deveria se questionar, aí sim, é a conduta específica de quem errou, bem como as causas do erro. Errar, embora não constitua a regra, faz parte do que é previsível na prática do jornalismo. O jornalismo erra, e é no cumprimento do dever de corrigir publicamente o seu erro que ele se aperfeiçoa: repondo a verdade, contribuindo para a reparação dos danos e se submetendo à lei para que os autores dos excessos sejam punidos. Esse é o caminho, e ele não fica mais fácil com menos liberdade – fica, isso sim, menos viável.

Até mesmo para que os erros de imprensa se corrijam, o regime de liberdade precisa ser fortalecido – só com mais liberdade se aperfeiçoa o regime da liberdade. Os utopistas autoritários, ainda que não o declarem abertamente, veem no erro não um desvio a ser consertado, mas uma prova de que a liberdade é uma regalia, uma vantagem classista que precisa ser desmascarada e destronada. Fazem crer que o antídoto residiria em alguma medida de força do Estado e prescrevem como remédio, possivelmente sem o saber, uma doença bem mais letal que a enfermidade que julgam pretender curar.

Um sintoma da precariedade da cultura política nessa matéria aparece quando algumas autoridades emitem juízos condenatórios generalizantes sobre a imprensa ou, como às vezes dizem, a "grande mídia". Uns pecam pelo primarismo de considerá-la um corpo uno, indivisível, orientado em bloco. O ponto merece algumas considerações.

É legítimo e necessário que os comuns do público, os sujeitos da vida privada, os partidos, os intelectuais, os estudantes, as ONGs e tantos mais critiquem e discutam correntemente a imprensa. É vital que a imprensa debata a imprensa. A crítica faz bem a ela e aos meios de comunicação em geral. Uma sociedade que estimula a crítica dos meios só faz melhorá-los. Mas quando autoridades, em nome do governo, proferem julgamentos peremptórios sobre a qualidade do que se publica no país, sobretudo quando se referem à imprensa como se ela fosse um sujeito unívoco, portador de um ideário compacto, geram ruído institucional. Embora tenha o direito e mesmo o dever de solicitar correções quando erros de informação vão a público – estando em condições, portanto, de debater abertamente com a imprensa –, a autoridade pública deve, no exercício de sua função, abster-se do papel de árbitro do comportamento da imprensa. Pelas mesmas razões, representantes do Poder Executivo têm o cuidado de não pontificar sobre a saúde do Poder Judiciário, embora possam contestar um acórdão ou uma sentença, assim como evitam desqualificar a instituição do Poder Legislativo, embora possam polemizar tranquilamente com um parlamentar, um partido ou uma bancada.

A vigência serena do regime de liberdade exige a observância de um protocolo tácito, segundo o qual o governo e seus representantes tratam a imprensa como instituição autônoma, que não lhes compete julgar. É nesse sentido que se diz, com acerto, que cabe à imprensa ser livre para vigiar o governo, jamais o contrário. A liberdade de imprensa é um valor sempre sensível e depende, nesse aspecto, da liturgia com que os governantes a ela se dirigem. Por isso, os representantes do governo agem bem quando silenciam em matéria de "*media criticism*". Quem quer exercer regularmente a função de "crítico de mídia" que se afaste de cargos no governo.

Os motivos para isso são numerosos. Na verdade, não há razão que fale contra; todos os motivos falam a favor da vigência do que chamo aqui de protocolo de convivência entre governo e imprensa. Vejamos apenas um deles, o do conflito de interesses. Entre outras obrigações, compete ao Estado estabelecer marcos regulatórios para que o setor dos meios de comunicação opere num ambiente de concorrência comercial justa, com diversidade de conteúdos e pontos de vistas – tarefa que ainda hoje o Poder Público no Brasil deve para a sociedade. Ora, se as autoridades passam a expressar publicamente opiniões peremptórias sobre "a grande mídia" ou sobre "a imprensa em geral", incorrem em potenciais conflitos de interesses, pondo em dúvida a impessoalidade com que tratam ou tratarão – se é que pretendem tratar – da matéria. Como ficam, por exemplo, os encarregados de conceder ou renovar as concessões de rádio e televisão caso se posicionem abertamente como adversários de uma estação e apoiadores ou mesmo sócios de outras? Será que tal engajamento é compatível com a impessoalidade do regime democrático?

Os conflitos de interesses não ficam só aí. Eles se agravam quando no governo, a quem cumpre zelar pela liberdade, surgem personagens que insinuam a necessidade de estabelecer restrições à prática do jornalismo ou manifestam preferências por um ou outro veículo em particular. Fica no ar uma interrogação: acalentariam os encarregados de proteger a liberdade a fantasia de restringi-la, ainda que um pouquinho só, se não para todos, ao menos para um ou outro? Isso para não tocarmos no assunto das verbas públicas destinadas à compra de espaços publicitários nos veículos comerciais, e na forma como essas são administradas tanto no âmbito federal como nos âmbitos estaduais e municipais. Também por isso, governantes e autoridades públicas deveriam se abster de questionar – ou de dar a impressão de que questionam – não os erros pontuais que devem ser corrigidos, mas a validade da instituição da imprensa em seu conjunto.

Por que a liberdade de imprensa deve ser entendida como um dever

Não há razoabilidade, como já ficou demonstrado, em supor que a liberdade de imprensa deva se condicionar à inexistência de erros. Ela não é uma recompensa que se outorgue aos veículos que acertam ou um privilégio que se interdite aos que erram; é, sim, premissa inegociável para a prática do jornalismo, seja ele bom ou ruim. A ninguém no governo pode caber a tarefa (ou a veleidade) de melhorar (ou de pretender melhorar) o nível do jornalismo. Isso não faz sentido.

Desde que o governo, qualquer que seja ele, não atrapalhe, o jornalismo, qualquer que seja ele, pode se dedicar a se aprimorar – e ele só melhora quando cumpre o seu dever de ser livre. Dever: essa é a palavra. Fala-se muito no dever da verdade, e com razão. Fala-se na fidelidade com que se devem reportar os fatos e o debate das ideias, também com razão. Mas a busca da verdade factual começa pela busca da verdade essencial do jornalismo, cujo nome é liberdade. Essa é a verdade interior que o anima e, sem cultivar sua verdade interior, ele seria incapaz de divisar a verdade que lhe é exterior. O profissional do jornalismo não pode admitir – nem a sociedade pode admitir que ele admita – a hipótese de que o exercício do jornalismo não seja livre, afirmativamente livre.

Ser livre é um imenso desafio, o maior de todos. A liberdade não é apenas letra. Ela só existe se for exercida de fato, por meio da visão crítica, do rigor, da objetividade, na obstinação por tornar públicas as informações que o poder preferiria ocultar. A liberdade floresce mais no conflito que no congraçamento, tanto que alguns a confundem com a mera falta de educação – o que também é uma forma de rebaixá-la. De um modo ou de outro, por um caminho ou por outro, ela precisa ser explícita, ostensiva mesmo, pois disso depende a confiabilidade, a credibilidade e a autoridade da imprensa. Se não reluzir na liberdade quente, a imprensa morre.

Quanto à responsabilidade, não deve ser entendida como um contrapeso da liberdade. Ao contrário, a liberdade é a maior e a primeira das responsabilidades do jornalismo. O resto vem depois: justiça, equilíbrio, ponderação, elegância etc. As chamadas virtudes do ofício existem para sustentar seu bem maior, a liberdade. Ela é a virtude-mãe, diante da qual as demais são acessórias.

Nem mesmo o apartidarismo, um cânone da boa prática de imprensa, é para o jornalista um imperativo tão alto quanto o de ser livre. O apartidarismo é uma exigência? Sem dúvida, é uma exigência, mas apenas porque reforça o primado da independência editorial, que está na base da qualidade da informação. Isso significa que uma revista ou um jornal têm todo o direito de apoiar abertamente uma causa partidária, desde que não o faça com dinheiro fornecido pelos cofres públicos – nesse caso, teríamos o erário financiando de uma legenda em detrimento de outras, o que configuraria uma forma de uso da máquina pública para fins partidários ou pessoais. Essa distinção não é menor.

A imprensa e o dever da liberdade 123

Basta ver que uma emissora de TV ou de rádio, sendo concessão pública, sofre – e deve sofrer – restrições que a impedem de promover editorialmente uma candidatura a cargo público, por exemplo, pois os serviços públicos não devem se prestar à promoção partidária, o que também caracterizaria uma forma de apropriação privada de serviços públicos. Quanto a um veículo impresso ou eletrônico que não seja concessionário da administração pública, esse pode, dentro da sua esfera de liberdade, lançar apelos para que seus leitores se filiem a uma campanha ou mesmo que votem num determinado candidato.

Claro que, no plano ético, não se deve burlar o pacto de comunicação com o público. Para o seu próprio bem, não é recomendável que uma publicação dissimule o seu conteúdo, fingindo que está veiculando uma coisa – informação objetiva – para entregar outra – proselitismo. Agindo assim, além de ameaçar a si mesma com o risco do descrédito, ela macularia as bases da instituição da imprensa. Fora isso, no plano da legalidade ou da normalidade institucional, um veículo impresso pode muito bem exercer a sua liberdade abraçando uma bandeira que o identifique com um determinado partido, num determinado momento. Assumirá o risco: se o seu gesto deixar a impressão de que renunciou à sua própria liberdade para se converter num apêndice de uma agremiação ideológica, a perda de credibilidade virá. Esse veículo terá jogado no lixo a razão pela qual um dia mereceu o respeito do público, mesmo daquele público que, eventualmente, concorde com as causas que ele abraçou. De resto, o apoio a uma causa específica mais identificada com partido, num momento delimitado, pode não significar a adesão definitiva ao partidarismo, desde que seja expresso como uma opinião, de modo transparente, e não como reportagem supostamente fiel à verdade facutal – mas, é bom ter claro, até mesmo o partidarismo (ou a mera aparência de partidarismo) só é um problema para o jornalismo porque implica a renúncia da liberdade, este sim, o valor maior.

Em resumo, a liberdade não funciona como redoma, um manto protetor que acolhe maternalmente os profissionais, livrando-os de cobranças, de julgamentos e condenações. Liberdade não é impunidade, mas um fator que impele o jornalista a se expor a julgamentos e punições. É uma bandeira que a imprensa tem o dever de empunhar, por mais que isso lhe custe – e custa. Quando negocia algumas de suas franjas, ainda que mínimas, ela deixa de ser imprensa e se converte na sua pior negação, traindo suas origens passadas e turvando o seu futuro.

Para o jornalista, exercer a liberdade é um dever porque, para o cidadão, ela é um direito. Para que este possa contar com o respeito cotidiano ao seu direito à informação, o jornalista não pode abrir mão do dever da liberdade.

Segunda parte: a liberdade e a qualidade

A cobertura da agenda social é proporcional às dimensões do público

Um dos indicadores mais comumente adotados para a verificação do cumprimento da responsabilidade social do jornalismo tem sido a cobertura dos movimentos sociais, entendidos como aqueles movimentos organizados cujos protagonistas pertencem às camadas mais pobres do país. Pesa também, nesse tipo de avaliação a cobertura dos debates suscitados por esses movimentos dentro do Estado, ou no contato entre as estruturas do Estado com a sociedade civil, como nas recentes conferências nacionais – com milhares de participantes, primeiro nos estados e depois em plenárias nacionais, em áreas como cultura, cidades ou meio ambiente. Numa visão um tanto linear, acredita-se que, quanto maior a cobertura em qualquer tipo de órgão de imprensa, maior o compromisso do jornalismo com a sua responsabilidade social. Há outros indicadores, mas esse tem se sobressaído.

De início, é bom saber que existe aí uma cobrança tipicamente militante. Proposital ou inadvertidamente, alguns dão o nome de responsabilidade social ao engajamento do jornalista nas reivindicações destes que também são chamados de movimentos populares. O que os adeptos do engajamento postulam não é, portanto, uma imprensa livre, mas uma imprensa submissa ao discurso desses setores organizados. Claro que quando o jornalista aceita cumprir tal papel renuncia à sua liberdade e à sua responsabilidade social – que não se realiza pelo engajamento, mas pelo seu contrário, quer dizer, pelo desengajamento em relação aos discursos prontos que buscam se infundir no seu relato. A cobrança militante não leva em conta que, a despeito de valorações subjetivas que comparecem a qualquer enunciado, jornalístico ou não, o jornalismo almeja prover a sociedade de informações objetivas e, portanto, úteis ao debate público; por isso, procura apurar, editar e veicular conteúdos tendo em vista as necessidades, as demandas e os direitos do seu público, ao qual informa e com o qual dialoga. Logo, para fins de análise da boa ou má cobertura dos movimentos sociais, a cobrança militante em nada ajuda. Deve ser descartada sumariamente.

O problema da cobertura, contudo, persiste. Se for verdade que a imprensa ignora, ainda que apenas em parte, os movimentos sociais, será também verdade que ela fecha os olhos para uma parcela significativa da realidade com que lida. Por certo, seria um destempero pretender que todos os órgãos de imprensa falassem do assunto do mesmo modo, assim como seria pouco sensato esperar de todos, indistintamente, notícias iguais sobre astronomia, golfe, futebol ou agropecuária. Cada um tem o seu repertório próprio, sua agenda própria, sua audiência própria, mas, se é fato que o cidadão não dispõe de veículos que o informem com qualidade sobre os movimentos sociais, algo não vai bem.

Costuma-se dizer que a cobertura dos movimentos sociais é insuficiente. Ainda que não tenhamos estatísticas exaustivas à mão, admitamos que a postulação seja verdadeira, nem que seja para efeito de raciocínio. Sem cobranças militantes, é o caso de refletir sobre as razões da possível insuficiência. Por que, afinal de contas, a cobertura seria escassa? Talvez pela falta de público interessado. Será? Haveria público para essa cobertura? Há demanda?

Admitindo, pois, a possibilidade de insuficiência da cobertura, eu gostaria de suscitar uma hipótese que ajudasse, se não a explicá-la, ao menos a considerar a plausibilidade de sua veracidade. A minha hipótese diz respeito, de início, ao jornalismo impresso: eu diria, então, que a cobertura é débil porque, em parte, os personagens dos chamados movimentos sociais não estão entre os leitores das principais publicações do país. Ou seja: os movimentos sociais não figuram tanto na pauta porque seus protagonistas não figuram entre os consumidores do pacote jornalístico (que é a mercadoria comercializada por jornais e revistas). A cobertura deixaria a desejar não porque os jornalistas são técnica ou culturalmente despreparados, embora a variável não possa ser desprezada – assim como não pode ser desprezada a origem social dos jornalistas que, em sua imensa maioria, são filhos de classe média e que, em sua história de vida, tiveram pouco ou nenhum contato com integrantes dos movimentos sociais e as áreas em que eles moram –, mas porque seus públicos leitores ainda são quantitativamente reduzidos e qualitativamente pouco heterogêneos, não refletindo a composição da sociedade inteira. Dessa forma, os jornalistas, ao prestar serviços aos seus públicos habituais, cumprindo, portanto, o seu papel de servir ao leitor, atendem apenas a uma parte da sociedade, a parte que os lê. O público com que dialogam é parcial – daí a parcialidade da pauta com que trabalham.

Um veículo jornalístico, se bem-sucedido, tem menos a cara do seu editor e mais a cara do público ao qual se dirige. A ele presta serviços. É, pois, explicável, ainda que não seja desejável, que os jornais diários, no intuito de ser úteis a seu leitorado, falem da realidade das pessoas que os leem como sendo toda a realidade imediata que interessa. O ponto é que, nos grupos de leitores dos diários tradicionais do Brasil, ao menos como regra, não entram a maior parte dos ativistas dos movimentos sociais – estes não são assinantes, raramente são compradores de exemplares avulsos e também não consomem os produtos anunciados nas páginas de publicidade. Se é mesmo assim, por que é que se vai se falar, vejamos, de um movimento de favelas num jornal que é lido nos bairros elegantes? A resposta é simples: só se falará disso quando esse movimento afetar a normalidade dos habitantes dos bairros onde se concentram os leitores.

De acordo com a minha hipótese, os participantes dos movimentos sociais, em sua maioria, são retratados meramente como terceiros distantes, comparecendo às reportagens como ameaças externas à rotina dos leitores. Considerando ainda que as fontes mais habituais dos jornais emergem do grupo daqueles que os leem, ou seja, considerando que o conjunto das fontes pertence ao conjunto dos leitores, vê-se também que o diálogo estabelecido, nas páginas dos jornais, entre os agentes do debate público, também exclui, ao menos como regra, se não todas as lideranças, ao menos os participantes dos movimentos sociais.

Nesse ambiente, eles surgem como seres longínquos e estranhos, mais ou menos como os rebeldes das cercanias de Bagdá ou os famélicos da África. Com uma distinção: podem atirar uma pedra no telhado dos leitores e, por isso, tangenciam mais de perto a agenda desses leitores.

A ser válida a hipótese que apresento, as consequências se projetam para além dos meios impressos. Como as redações de jornais diários e de revistas têm sido escolas para gerações sucessivas de profissionais, que depois migram para outros veículos, a mentalidade que nelas se cultiva interfere também nos outros meios. Os parâmetros, os valores e, por vezes, os preconceitos que se verificam nas redações dos meios impressos viram referências – não necessariamente dominantes – para a prática do jornalismo em geral. Com efeito, sem cair na armadilha das generalizações, podemos observar que, às vezes, até nos noticiários de televisão os movimentos sociais ainda aparecem como um "movimento deles", como se seus protagonistas não compusessem sequer o público telespectador.

Há um elemento perverso nessa exclusão que alcançaria os meios de radiodifusão, a TV em especial. Os agentes dos movimentos sociais, quando pertencentes a camadas sociais que não têm acesso aos bens de consumo, a despeito de integrarem o amplo espectro de telespectadores, não fazem parte da audiência com poder de compra mínimo. Como o consumo serve de baliza para o modo como a publicidade na TV dialoga com o telespectador, esse público que não chega a ser consumidor potencial termina por se ver estigmatizado, diante da tela, como sendo uma subplateia: os mais pobres não são vistos como compradores pelo anunciante. Por desdobramento quase que automático, por mais que os editores de televisão creiam no contrário, esses segmentos não são convidados a ser interlocutores do discurso jornalístico da TV.

A imprensa e o dever da liberdade   129

Guardadas as proporções de praxe, pode-se considerar a mesma hipótese para uma análise do radiojornalismo. O não-consumidor tende a ser um não-interlocutor. Nessa medida, os parâmetros estreitos herdados da tradição dos diários se converteriam, sempre em hipótese, num tipo de preconceito inercial no jornalismo da TV e do rádio, mas um preconceito perversamente lógico, sustentado pela estratificação imposta pelo consumo.

A história recente traz casos que reforçam a hipótese. Os movimentos sociais dos sem-terra, por exemplo, entraram na cobertura da televisão um pouco tardiamente, em meados dos anos 1980. Adquiriram destaque nos noticiários por ocasião do massacre do Eldorado dos Carajás,[2] que foi ao ar em cenas trepidantes gravadas por amadores. Foi por ter rendido imagens espetaculares, e não em função da identidade dos mortos, que o massacre ganhou destaque nos telejornais.

Depois, principalmente pela novela "O Rei do Gado", da Rede Globo, o drama dos sem-terra foi admitido na sala da família brasileira. Mesmo assim, até hoje, é em regra como ameaça externa, semelhante a uma gripe aviária, que as lutas sociais do campo irrompem na tela. Os trabalhadores da terra, talvez mais do que seus líderes, ainda não desfrutam do *status* de interlocutores no âmbito da comunicação jornalística. O fato de não pertencerem ao grupo dos que se comunicam normalmente pelas páginas dos jornais e às camadas sociais com acesso ao consumo é o que mais os segrega, muito mais do que os julgamentos morais ou políticos que recebam de uns e outros.

A responsabilidade social do jornalismo passa por assumir o desafio editorial de expandir e qualificar a base de leitores de notícias, em meios impressos e eletrônicos. Do mesmo modo, passa por separar os critérios que filtram o acesso ao consumo dos critérios da admissibilidade do cidadão à condição de interlocutor do discurso jornalístico.

Acompanhar processos em lugar de correr atrás de fatos ilhados

Vigiar o poder implica um olhar atento, em perspectiva, sobre as políticas públicas – compreendidas no âmbito da administração do Estado como ação, coordenação, processo e programa com vistas a um resultado. Mais do que cobrir acontecimentos chamativos e vistosos, é necessário identificar a direção das decisões tomadas pelo poder público. Cada vez mais, a sociedade impõe ao profissional de imprensa que, em lugar de jogar holofotes para um evento isolado, saiba apresentar o fato num encadeamento espacial e temporal cujos limites se alargam desafiadoramente. Mais que antes, o contexto define o grau de importância da notícia – e destacar os contextos do turbilhão de eventos requer rapidez, profundidade e acuidade dos profissionais, o que se obtém com estudo. Não há outro jeito. As fórmulas prontas já não resolvem as equações. Elas se esboroam sem que seus praticantes percebam – mas o público desconfia.

Uma conclusão apressada

A democracia ainda depende do jornalismo – e este, agora, depende de identificar e cultivar o que lhe é essencial. Experimentamos uma abundância sem precedentes de referências e de discursos fervilhando nos espaços públicos. Cifras, declarações, afirmações, gráficos, rezas, fotos, desenhos, vídeos, documentários, tabelas, infográficos, mapas – uma infinidade de textos, sons e imagens, em profusão vulcânica, vinda de todas as partes, abarrota os olhos, os ouvidos e, eventualmente, a paciência de todo mundo. ONGs, autarquias, bancos, empresas, governos,

A imprensa e o dever da liberdade   131

fábricas de automóveis, escolas, agências espaciais, igrejas, seitas e furgões que vendem pamonha produzem seus próprios sites, seus alto-falantes, seus filmes e suas emissoras de rádio e de televisão. Ruidosamente, forjam nexos diretos e íntimos com qualquer tipo de público, com qualquer parte física ou imaterial do sujeito.

No meio da tempestade de conteúdos cujas intenções se embaralham e se dissimulam, uma pergunta inquieta o cidadão: "Em quem eu posso confiar?". Cada vez mais, quando se trata de informação e de diálogo sobre temas de interesse público, o olhar desengajado e o relato objetivo adquirem valor. O jornalismo adquire valor. Credibilidade, independência, foco no cidadão e compromisso em expandir progressivamente o universo daqueles que têm acesso à informação: nisso se resume a sua responsabilidade social. É desse modo que ele contribui para a democracia inclusiva e para o desenvolvimento humano.

Notas

[1]   A Declaração de Direitos do Homem e do Cidadão, de 1789, na França, afirmou, em seu artigo 1º: "A livre comunicação das ideias e das opiniões é um dos mais preciosos direitos do homem."

[2]   Nesse episódio, ocorrido em abril de 1996, 19 trabalhadores rurais foram assassinados pela polícia militar do Pará. As vítimas eram integrantes da Caminhada pela Reforma Agrária, que reunia 1.500 famílias de trabalhadores sem terra. De acordo com o Instituto Médico Legal (IML) do estado, todos os mortos foram atingidos por balas, várias delas disparadas à queima roupa: o parecer final concluiu que muitas das vítimas foram dominadas e, em seguida, executadas. Apesar das provas contundentes, até o momento da edição deste livro, a Justiça não havia punido de forma efetiva os responsáveis pelos crimes.

Créditos

... e o jornalismo virou *show business*

Em sua versão anterior, foi publicado no Caderno 2, de *O Estado de S. Paulo*, em 25 de janeiro de 1997.

A promiscuidade com as fontes segundo *O beijo no asfalto*

Originalmente publicado com o título "'Eu não me ofendo!': a promiscuidade com as fontes segundo *O beijo no asfalto*", em Aimar Labaki e Antonio Edson Candengue (orgs.), *A esfinge investigada: seminário Recife Nelson Rodrigues 2006* (Recife: Fundação de Cultura Cidade do Recife, 2007, p. 209-221).

Informação e guerra a serviço do espetáculo

Publicado originalmente com o nome "O olhar mutilado: informação e guerra a serviço do espetáculo", em Adauto Novaes (org.), *Civilização e barbárie* (São Paulo: Companhia das Letras, 2004, p. 227-245).

Jornalistas e assessores de imprensa: profissões diferentes, códigos de ética diferentes

Este capítulo foi publicado em versão anterior com o título "Jornalistas e assessores de imprensa: profissões diferentes, que requerem códigos de éticas diferentes" no site *Observatório da Imprensa*, em 5 de setembro de 2006. Ele sofreu atualizações que dão conta, principalmente, do texto do novo Código de Ética dos Jornalistas Brasileiros, de 2008. As ideias nele expostas foram apresentadas pelo autor em palestra no Primeiro Seminário Nacional Ética no Jornalismo, organizado pela Fenaj (Federação Nacional dos Jornalistas) e pelo Sindicato dos Jornalistas de Londrina e Região, em 31 de março de 2006, em Londrina (PR).

Verdade e independência numa empresa pública de comunicação

Com o nome de "O compromisso com a verdade e com a independência numa empresa pública de comunicação", uma versão anterior deste capítulo foi publicada no livro *Comunicação pública: Estado, governo, mercado sociedade e interesse público*, organizado por Jorge Duarte (São Paulo: Atlas, 2007, p. 192-200). Em versão ampliada, foi publicado em espanhol pela revista *Chasqui* (edição número 93, de março de 2006, p. 46-53), editada pela Ciespal, Quito, Equador.

A imprensa e o dever da liberdade

Em sua versão anterior, mais extensa, o texto foi publicado no livro *Políticas públicas e desenvolvimento humano: desafios da pauta jornalística* (São Paulo: Cortez, 2008, p. 46-62), organizado por Guilherme Canela, como parte do Programa InFormação, desenvolvido pela Agência de Notícias dos Direitos da Infância (Andi), com apoio da Fundação W. K. Kellogg. O capítulo foi resultado da edição de uma entrevista concedida a Veet Vivarta, transcrita por Ana Néca, assistente da Coordenação de Relações Acadêmicas da Andi, e contou com a colaboração do jornalista André Deak. Contribuíram com sugestões Rodrigo Savazoni e Aloísio Milani. O livro também teve o apoio do Fórum Nacional de Professores de Jornalismo.

Bibliografia

BARBOSA, Rui. *A imprensa e o dever da verdade*. São Paulo: Papagaio, 2004.

BUCCI, Eugênio. *Em Brasília, 19 horas*. Rio de Janeiro: Record, 2008.

_____. *Sobre ética e imprensa*. São Paulo: Companhia das Letras, 2000.

DEBORD, Guy. *A sociedade do espetáculo*. Rio de Janeiro: Contraponto, 1997.

DEBRAY, Régis. *Vida e morte da imagem*. Petrópolis: Vozes, 1993.

IANNI, Octavio. *O príncipe eletrônico*. Campinas: Unicamp, 1998. Coleção "Primeira Versão" (Disponível em: <http://bibliotecavirtual.clacso.org.ar/ar/libros/anpocs/ianni.rtf>).

NUCCI, Celso (org.). *Manual de jornalismo da Radiobrás*: produzindo informação objetiva em uma empresa pública de comunicação. Brasília: Senado Federal/Subsecretaria de Edições Técnicas, 2006.

RODRIGUES, Nelson. *Teatro completo*. Org. e Intr. Sábato Magaldi. Rio de Janeiro: Nova Fronteira, 1989, v. 4 – Tragédias Cariocas II.

SARTRE, Jean-Paul. *O ser e o nada*: ensaio de ontologia fenomenológica. 17. ed. Petrópolis: Vozes, 1997.

O autor

Eugênio Bucci nasceu em Orlândia-SP, em novembro de 1958. É jornalista e professor doutor da Escola de Comunicações e Artes da Universidade de São Paulo. Escreve a cada duas semanas para a página 2 do jornal *O Estado de S. Paulo* e, com a mesma frequência, para o site *Observatório da Imprensa*. Integra o conselho curador da Fundação Padre Anchieta (TV Cultura de São Paulo). Foi presidente da Radiobrás (de 2003 a 2007) e secretário editorial da Editora Abril (1996-2001). É autor de, entre outros livros, *Sobre ética e imprensa* (2000), *Videologias* (2003, em parceria com Maria Rita Kehl) e *Em Brasília, 19 horas* (2008).

LEIA TAMBÉM

MANUAL DO FOCA
guia de sobrevivência para jornalistas
Thaïs de Mendonça Jorge

Não é raro que o mesmo jornalista entreviste [h]oje um astro de rock, amanhã seja escalado para [co]nversar com um político e no dia seguinte cobrir [a] coletiva de uma cientista renomada. E como con[se]guir boas matérias de personalidades tão diferen[te]s? Como dominar tantas informações e torná-las [in]teligíveis ao leitor? Este livro mostra as técnicas do [jo]rnalismo, da pauta ao texto, explicando conceitos [co]mo notícia, lide e pirâmide, sempre recheando de [ex]emplos. Ainda trata, com especial atenção, da pau[ta], da reportagem, da apuração e da entrevista. Guia [im]perdível aos jornalistas, estejam eles nas redações [ou] nas salas de aula.

OS SEGREDOS DAS REDAÇÕES
o que os jornalistas só descobrem no dia-a-dia
Leandro Fortes

Em "Os segredos das redações", o jornalista sa[be]rá como é o dia-a-dia do ofício que escolheu se[gu]ir. Visitará os bastidores de uma das profissões [ma]is romantizadas do planeta. Em um livro ousado, [Le]andro Fortes evita dizer como a profissão deveria [ser]. Ele conta como ela é. E isso inclui dizer que "há [á]reas obscuras dentro das redações, muitas delas di[rigi]das por chefes sem escrúpulos, puxa-sacos subser[vie]ntes e sem caráter". E ainda que "o jornalismo é [um]a profissão apaixonante, viciante e corajosa, cheia [de] boas conseqüências para a sociedade, mas repleta [de] alminhas pequenas abertas ao suborno e ao acha[qu]e". Obra imperdível para jornalistas e estudantes [de] comunicação.

COLEÇÃO COMUNICAÇÃO

Coordenação
Luciana Pinsky

A arte de entrevistar bem Thaís Oyama
A arte de escrever bem Dad Squarisi e Arlete Salvador
A arte de fazer um jornal diário Ricardo Noblat
A imprensa e o dever de liberdade Eugênio Bucci
A mídia e seus truques Nilton Hernandes
Assessoria de imprensa Maristela Mafei
Comunicação corporativa Maristela Mafei e Valdete Cecato
Correspondente internacional Carlos Eduardo Lins da Silva
Escrever melhor Dad Squarisi e Arlete Salvador
Ética no jornalismo Rogério Christofoletti
Hipertexto, hipermídia Pollyana Ferrari (org.)
História da imprensa no Brasil Ana Luiza Martins e Tania Regina de Luca (orgs.)
História da televisão no Brasil Ana Paula Goulart Ribeiro, Igor Sacramento e Marco Roxo (orgs.)
Jornalismo científico Fabíola de Oliveira
Jornalismo cultural Daniel Piza
Jornalismo de rádio Milton Jung
Jornalismo de revista Marília Scalzo
Jornalismo de TV Luciana Bistane e Luciane Bacellar
Jornalismo e publicidade no rádio Roseann Kennedy e Amadeu Nogueira de Paula
Jornalismo digital Pollyana Ferrari
Jornalismo econômico Suely Caldas
Jornalismo esportivo Paulo Vinicius Coelho
Jornalismo internacional João Batista Natali
Jornalismo investigativo Leandro Fortes
Jornalismo político Franklin Martins
Jornalismo popular Márcia Franz Amaral
Livro-reportagem Eduardo Belo
Manual do foca Thaïs de Mendonça Jorge
Manual do frila Maurício Oliveira
Manual do jornalismo esportivo Heródoto Barbeiro e Patrícia Rangel
Os jornais podem desaparecer? Philip Meyer
Os segredos das redações Leandro Fortes
Perfis & entrevistas Daniel Piza
Reportagem na TV Alexandre Carvalho, Fábio Diamante, Thiago Bruniera e Sérgio Utsch (orgs.)
Teoria do jornalismo Felipe Pena

Cadastre-se no site da Contexto
e fique por dentro dos nossos lançamentos e eventos.
www.editoracontexto.com.br

Formação de Professores | Educação
História | Ciências Humanas
Língua Portuguesa | Linguística
Geografia
Comunicação
Turismo
Economia
Geral

Cadastre-se no site da Contexto

e fique por dentro dos nossos lançamentos e eventos.
www.editoracontexto.com.br

Formação de Professores | Educação
História | Ciências Humanas
Língua Portuguesa | Linguística
Geografia
Comunicação
Turismo
Economia
Geral

Faça parte de nossa rede.
www.editoracontexto.com.br/redes

editora

Promovendo a Circulação do Saber.